Marcus Minucius Felix

Octavius

Eine christliche Apologie aus dem 2. Jahrhundert

Marcus Minucius Felix

Octavius

Eine christliche Apologie aus dem 2. Jahrhundert

Schätze der christlichen Literatur

Band 10

Impressum:
© 2018 Conrad Eibisch (Hrsg. u. Bearb.)
Übers. v. Bernhard Dombart, Erlangen, 1881.
Herstellung und Verlag: BoD – Books on Demand, Norderstedt.
ISBN: 978-3-75288-737-2

Einleitung.

WENN das Evangelium in der ersten Zeit verhältnismäßig mehr unter der niederen als unter der höheren Volksklasse der heidnischen Welt Verbreitung fand, so hatte das vornehmlich in zwei Umständen seinen Grund. Einmal ist das Christentum seinem Wesen nach recht eigentlich eine Religion für die Mühseligen und Beladenen, und dann erschien dasselbe ursprünglich nicht in einer äußeren Gestalt, welche den Vornehmen damaliger Zeit leicht gefallen konnte. Die Apostel und Apostelschüler konnten sich, wenn sie auch teilweise nicht unbewandert in der griechischen Literatur waren, keiner feinen klassischen Bildung rühmen. Ihre Reden und Schriften wirkten nicht durch die Anmut der Form und weltliche Gelehrsamkeit, sondern durch die Kraft der göttlichen Wahrheit, die dem innersten Bedürfnis des Menschenherzens entgegenkam.[1] Nun standen aber die Vornehmen und Gebildeten jener Zeit unter dem bezaubernden Bann, in welchem die hohe Formvollendung der griechischen und römischen Literatur die Geister gefangenhielt. Es ist also nicht zu verwundern, wenn ihr verwöhnter Geschmack an dem allerdings nicht anziehenden Gewand, in welchem sich ihnen das Christentum darstellte, Anstoß nahm und sie häufig schon dadurch

---

[1] 1. Kor. 1, 17-2,5; 4, 20.

von dem genaueren Eingehen auf seine Lehren zurückgeschreckt wurden.[2]

Doch die Unschönheit der Form bildet keine wesentliche Eigenschaft der christlichen Religion; dieselbe verträgt sich gar wohl mit allem wahrhaft Schönen, was je der Menschengeist gefunden und geschaffen hat. So kam auch die Zeit, wo hochgebildete Geister, die sich dem Evangelium zugewendet hatten, mit Erfolg eine Vermählung christlichen Wesens mit klassischer Form versuchten und damit zum siegreichen Vordringen des Christentums auch in den höheren Schichten der Gesellschaft nicht unerheblich beitrugen. Eine Schrift, in welcher man eine Verbindung der bezeichneten Art vollzogen sieht, ist der „Octavius" des Minucius Felix, in welchem in kunstvoll gestalteter Rede und mit Hilfe weltlicher Gelehrsamkeit teils das Heidentum bekämpft, teils das Christentum gegen die allgemein verbreiteten Verleumdungen verteidigt wird. Es ist dies aller Wahrscheinlichkeit nach die älteste Apologie des Christentums in lateinischer Sprache, deren Abfassungszeit nicht ganz genau bestimmt werden kann, aber jedenfalls in die letzten Jahrzehnte des zweiten Jahrhunderts fällt. Leider wissen wir von dem Verfasser aus anderen Quellen kaum mehr, als wir aus der Schrift selbst erfahren oder erraten.

Marcus Minucius Felix scheint eine sorgfältige Jugendbildung

---

[2] Lactantius: Instit. 5,1. „Das vornehmlich ist der Grund, warum bei den Weisen und Gelehrten und den Fürsten dieser Welt die Heilige Schrift keinen Glauben findet, weil die Propheten in gewöhnlicher und einfacher Sprache redeten, wie sie dem Volk verständlich war. Sie werden also von denen mißachtet, welche nichts hören oder lesen wollen, als was fein und geglättet und gut stilisiert ist."

genossen zu haben; wenigstens zeigt er sich in seiner Schrift als einen genauen Kenner der klassischen Literatur und besonders als einen gelehrigen Schüler Ciceros. Zu seinem Beruf wählte er die praktische Jurisprudenz. Seine Jugend war, wie er selbst andeutet, nicht frei von Verirrungen. Noch in reiferem Alter war er dem Heidentum zugetan; ja er nahm, wie sein Jugendfreund Octavius, sogar tätigen Anteil an der gerichtlichen Verfolgung der Christen. Möglich, daß die Erfahrungen, die sie damals an den von ihnen gefolterten Christen machten, erschütternd auf beide einwirkten und sie dem verfolgten Glauben zuführten. Octavius ging im Übertritt zum Christentum seinem Freund voran. Während sie die Jugend und die früheren Mannesjahre gemeinsam verlebt zu haben scheinen, trennten sich später wenigstens äußerlich ihre Lebenswege. Octavius lebte in einem überseeischen Land, Minucius zu Rom. Er blieb auch als Christ seinem weltlichen Beruf treu und genoß großes Ansehen als Rechtsanwalt. Die dem Andenken seines verewigten Freundes gewidmete Apologie des Christentums verfaßte Minucius, wie es scheint, in seinen späteren Jahren. Er wählte zur Einkleidung nach dem Vorgang hervorragender klassischer Schriftsteller die dialogische Form. Besonders hatte er dabei das ciceronianische Gespräch „de natura deorum" vor Augen, das ihm nicht nur bei der Anlage des Ganzen zum Muster diente, sondern auch im einzelnen von ihm vielfach benutzt wurde. Die in der Einleitung erwähnten persönlichen Verhältnisse und Vorgänge tragen zu sehr das Gepräge des Tatsächlichen, als daß man den Dialog für eine bloße poetische Fiktion halten dürfte. Ohne Zweifel hat einmal ein dem vorliegenden mehr oder weniger ähnliches Gespräch zwischen den drei Freunden Octavius Januarius, Cæcilius Natalis und Minucius

(7)

Felix stattgefunden; doch versteht es sich von selbst, daß dasselbe später von dem letzteren nach eigenem Ermessen vervollständigt und künstlerisch ausgearbeitet wurde. So dürfen wir also den Inhalt und mehr noch die Form des Gespräches vorwiegend auf die Rechnung des Minucius schreiben. Derselbe erscheint uns darin als ein Mann, der mit der begeisterten Frömmigkeit und der asketischen Sittenstrenge, wie sie den Christen der ersten Jahrhunderte eigen waren, die gediegenste wissenschaftliche und formale Bildung vereinigte. Wenn aber die christliche Gesinnung und die klassische Bildung des Verfassers die Hauptfaktoren waren, welche in der vorliegenden Schrift zusammenwirkten, so macht sich bei genauerer Betrachtung noch ein drittes Moment bemerklich, das auf die Gestaltung des Ganzen nicht ohne Einfluß war. Es ist dies der weltliche Beruf des Minucius. Abgesehen von der den Juristen kennzeichnenden Klarheit und Objektivität, die unverkennbar in der Schrift zutage treten, läßt sich aus dem Einfluß seines praktischen Berufes noch mancher Umstand erklären, der für die Beurteilung des Werkes von Bedeutung ist.

Es muß jedem Leser auffallen, daß in der Schrift, die doch eine Apologie des Christentums sein soll, so wenig von Christus und eigentlich christlichen Verhältnissen gesprochen wird. Die neue Lehre stellt sich uns fast durchweg als ein moralphilosophischer Monotheismus dar. Man würde aber irren, wollte man daraus schließen, Minucius oder gar die damalige Christenheit habe wirklich nur solch einem abstrakten Monotheismus gehuldigt. Daß er selbst über Christus wesentlich dieselben Vorstellungen hatte wie die Apostel und wie noch heute die gläubige Christenheit, läßt sich unschwer aus einer kurzen Bemerkung abnehmen, welche indirekt seine und seiner Genossen Glauben an die

(8)

göttliche Natur Christi bezeugt. Wie entwickelt aber überhaupt unter der damaligen Christenheit bereits das Dogma über die Person Christi und speziell die Logosidee war, erkennt man aus den griechischen Vorgängern[3] des Minucius, aus den griechischen Apologeten des zweiten Jahrhunderts, welche von der Person Christi mehr oder weniger ausführlich handeln. Wie kommt es nun, daß Minucius, der doch sonst in Gedanken und Wendungen eine nahe Verwandtschaft mit den griechischen Apologeten zeigt, in einem so wesentlichen Punkt ihnen nicht folgt? Aber es kommt noch mehr hinzu, was seine Zurückhaltung in dieser Beziehung noch auffallender macht.

Je mehr in jener Zeit die Christen die Person des Heilands in den Vordergrund rückten, um so mehr richteten sich die Angriffe der Heiden gerade gegen ihn. Wir finden auch in unserem Dialog Spuren davon. Recht klar aber zeigt uns diese Erscheinung des Celsus „Wahres Wort", eine gegen das Christentum gerichtete Schrift eines heidnischen Gelehrten aus der zweiten Hälfte des zweiten Jahrhunderts, welche uns in der Gegenschrift des Origenes teilweise erhalten ist. Dort wird Christi Person, seine Abkunft, sein Charakter und sein Wirken schwer verlästert. Minucius war ein Zeitgenosse dieses Celsus und kannte allem Anschein nach dessen Pamphlet. Sein „Octavius" nimmt, wie mir Theodor Keim überzeugend nachgewiesen zu haben scheint[4], vielfach Bezug auf dasselbe und legt die meisten der Vorwürfe, die

---

[3] Als solche sind vornehmlich Justin, Athenagoras und Theophilus zu bezeichnen, wenn die Zeitbestimmung richtig ist, wonach die Abfassung des „Octavius" in den Anfang oder die Mitte der achtziger Jahre des zweiten Jahrhunderts fällt.
[4] Celsus' wahres Wort, Zürich 1873 s. 157.

Celsus dem Christentum macht, dem Heiden Cæcilius in den Mund, um sie durch den Christen Octavius widerlegen zu lassen. Warum weist er aber nicht die gegen Christus selbst gerichteten Angriffe zurück, zumal da er auch sie teilweise durch Cæcilius vorführt? Zufall oder Gleichgültigkeit kann hier unmöglich vorliegen. Den Gegenstand heiligster Verehrung derartiger Lästerung ausgesetzt zu sehen, mußte für Minucius wie für jeden Christen höchst schmerzhaft sein; es mußte ihm eine Widerlegung notwendig sehr am Herzen liegen – trotzdem widmet er ihr nur ein paar dürre Worte, welche für einen Heiden nichts überzeugendes hatten, ja nicht einmal verständlich genug sein konnten.

Hier kann nur Plan und Überlegung vorliegen. Minucius hielt offenbar den Angriffen auf die Person Christi gegenüber Zurückhaltung und Schweigen vorläufig für das Zweckmäßigste.[5] Ein streng wissenschaftlicher Nachweis für die lautere Wahrheit der christlichen Überlieferung über die Person des Heilands, deren Wesen und Bedeutung nur durch eingehende und vorurteilslose Forschung in den alttestamentlichen und apostolischen Schriften und durch innere Erfahrung erfaßt werden kann, war damals schon so wenig möglich als jetzt; ohne eine solche Möglichkeit aber konnte einer übelwollenden und vorurteilsvollen Heidenwelt gegenüber die Erörterung dieser Spezialfragen nur zu weiterer Profanierung des Heiligsten führen. Zunächst mußte erst eine feste Grundlage vorhanden sein, auf der man weiter bauen konnte.

---

[5] Origenes weist in der Einleitung zu seiner Schrift gegen Celsus darauf bin, daß Christus selbst auf die falschen Anklagen der Priester mit Schweigen antwortete. Matth. 27, 12.

Eine solche war für die Juden das Alte Testament, für die Heiden aber galt es erst eine solche zu schaffen, und dies ist offenbar der Hauptzweck, welchen Minucius in seiner Schrift verfolgt. Ohne bei seinen Lesern etwas anderes vorauszusetzen als Vernunft, Wahrheitsliebe und Kenntnis der heidnischen Literatur, sucht er vor allem drei Dinge sicherzustellen: Die Existenz eines Gottes, die Regierung der Welt durch dessen allwaltende Fürsorge und die sittliche Reinheit der christlichen Glaubensgenossenschaft. Die ersten beiden Punkte belegt er durch historische und philosophische Gründe, für deren Würdigung er sein Publikum, die gebildete Heidenwelt, genügend vorbereitet wußte, und von der Wahrheit seines Zeugnisses für den reinen Wandel der Christen konnte sich jeder seiner Leser bei redlichem Willen durch den Augenschein überzeugen.

Weiterzugehen und sich näher auf spezifisch christliche Lehren und Verhältnisse einzulassen, vermied Minucius offenbar deshalb, weil es zur richtigen Erfassung derselben anderer Grundlagen bedurfte, als er sie bei seinen heidnischen Lesern voraussetzen konnte.

Ähnliche Rücksichten mögen ihn bestimmt haben, wörtliche Bibelzitate zu vermeiden, die für seine heidnischen Leser keine Beweiskraft hatten und durch ihre unklassische Form besonders in der etwas barbarischen lateinischen Übersetzung bei gebildeten Heiden leicht Anstoß erregen konnten. Daß er das Zitieren aus biblischen Schriften nicht etwa aus Unkenntnis unterließ, zeigen mancherlei biblische Anklänge.

Merkwürdig ist es, daß Minucius sich nicht auf die „Sibyllen" beruft. Eine solche Berufung würde sich ganz gut in sein System gefügt haben, nach welchem er sich in seiner Beweisführung nur heidnischer Schriftwerke bedient. Die griechischen Apologeten vor ihm (mit Ausnahme Tatians) und einige lateinische nach ihm machen mehr oder weniger ausgiebigen Gebrauch von jenen Orakeln, welche sonnenklare Hindeutungen auf christliche Dinge enthielten. Mußten ihm diese prophetischen Stimmen aus der Heidenwelt nicht einen überaus erwünschten Ersatz bieten für die alttestamentlichen Prophetien? Kenntnis hatte er von ihnen ohne Zweifel. Es finden sich bei ihm Stellen, in welchen er fast wörtlich mit ihnen überstimmt, aber niemals beruft er sich ausdrücklich auf sie. Wenn er so, wie wir sehen, auf ein sehr wirksames Mittel, das seinen Zwecken dienen konnte, verzichtet, so läßt sich das schwerlich anders erklären, als daß er die Echtheit jener Prophetien, an welche jetzt niemand mehr glaubt, selbst bereits anzweifelte oder von den Heiden angefochten sah[6], sodaß er dieselben ihnen gegenüber nicht als Beweismittel brauchen wollte oder konnte.

Die Selbstbeschränkung, welche sich Minucius auflegte und in welcher er den praktischen Sinn eines weltkundigen Mannes zeigt, der gewohnt ist mit tatsächlichen Verhältnissen zu rechnen, war von unverkennbarem Einfluß auf die Schicksale seines Werkes. Dasselbe stand in den ersten Jahrhunderten, solange die Heidenbekehrung im Bereich der griechisch-römischen Kulturwelt noch ein Hauptarbeitsfeld für die christlichen Lehrer bildete, in hohem Ansehen. Es wurde von den bedeutendsten lateinischen Kirchenvätern nicht nur in anerkennender Weise besprochen, sondern auch vielfach benutzt. Als sich aber nach dem Sieg des Christentums über das Heidentum das Interesse der

---

[6] In der Tat geschah dies von Celsus. S. Origens. Gegen Celsus 7, 53.

Theologen fast ausschließlich der Ausbildung der Dogmen und der kirchlichen Gestaltung des Christentums zuwendete, da geriet die Schrift des Minucius wegen des geringen Materials, das sie für diese Gebiete enthielt, allmählich in Vergessenheit.

Während von den meisten Kirchenvätern eine Menge Handschriften erhalten sind, existiert der „Octavius" in einer einzigen[7] und zwar dort nicht unter dem Namen des Verfassers, sondern als „liber octavus"[8] des Arnobius „adversus nationes." Unter gleichem Titel bringt das Werk noch die „editio princeps."[9] Erst im Jahre 1560 wurde durch Franciscus Balduinus dem Minucius Felix sein Eigentum wieder zurückerstattet. Seitdem nahm das Büchlein teils wegen seines wichtigen Inhalts teils wegen seiner gefälligen Form das Interesse der Theologen und mehr noch der Philologen fortwährend in Anspruch. Neuerdings aber hat es eine erhöhte Bedeutung dadurch gewonnen, daß durch Adolf Eberts gründliche Untersuchung über „Tertullians Verhältnis zu Minucius Felix"[10] die zeitliche Priorität des letzteren in überzeugender Weise dargetan und derselbe dadurch an die Spitze der lateinischen Kirchenväter gestellt ist.

---

[7] Codex Parisinus Nr. 1661; eine andere, Brüsseler Handschrift ist nur eine Kopie davon.
[8] Verwechslung von Octavus und Octavius.
[9] 1543.
[10] Leipzig 1868.

Marcus Minucius Felix

Octavius

WÄHREND ich in stillen Gedanken die Erinnerungen an meinen edlen und treuen Jugendfreund Octavius vor mir vorüberziehen ließ, fühlte ich mich so sehr von liebevoller Begeisterung für ihn ergriffen, daß es mir war, nicht als riefe ich verlebte und entschwundene Zeiten wieder ins Gedächtnis, sondern als kehrte ich gewissermaßen selbst in die Vergangenheit zurück. So sehr hat sich sein Bild in demselben Grade, in welchem es sich meinen Augen entrückte, in mein Herz, ich möchte sagen, in mein innerstes Bewußtsein, eingegraben. Und nicht mit Unrecht hat der außerordentliche und fromme Mann nach seinem Hinscheiden in mir eine unendliche Sehnsucht nach ihm hinterlassen, erfüllte ja doch auch ihn zu jeder Zeit eine so innige Liebe zu mir, daß er in Kurzweil und Ernst mit meinen Neigungen und Abneigungen vollkommen harmonierte.

Man hätte glauben mögen, es sei eine Seele auf zwei Personen verteilt. So war er der einzige Vertraute in meinen Liebschaften, ja er selbst war der Genosse meiner Verirrungen. Und als die Dunsthülle sich zerstreute, und ich aus der Tiefe der Finsternis zum Licht der Weisheit und Wahrheit mich emporrang, versagte er mir nicht das Geleit, sondern – ein noch größerer Ruhm – er eilte mir voran. Wie nun meine Gedanken über die ganze Zeit unseres freundschaftlichen Verkehrs dahinschweiften, verweilten sie vornehmlich bei dem Gespräch, in welchem Octavius den Cæcilius, der damals noch in der Nichtigkeit des Aberglaubens befangen war, durch eine höchst gewichtvolle Erörterung zur wahren Religion bekehrte.

Octavius war eines Geschäftes wegen und um mich zu besuchen nach Rom geeilt, nachdem er Haus, Frau und Kinder verlassen, welche letzteren noch in der liebenswürdigsten Periode der Kindheit, in den Jahren der Unschuld standen und eben zu lallen versuchten, eine Sprache, welcher gerade die gebrochenen Laute der ungelenken Zunge nur um so mehr Anmut verleihen. Ich finde nicht Worte, um das große, grenzenlose Entzücken zu schildern, das mich bei seiner Ankunft erfüllte. Denn eben das Unerwartete in dem Erscheinen meines teuersten Freundes vermehrte meine Freude außerordentlich.

Einige Tage darauf, als wir bereits die heiße Sehnsucht durch stetes Beisammensein gestillt und die beiderseits während unserer Trennung gemachten Erfahrungen gegenseitig ausgetauscht hatten, beschlossen wir eine Partie nach dem anmutigen Ostia zu machen, da mein Körper der Reinigung der Säfte bedurfte und hierfür der Gebrauch von Seebädern besonders zuträglich erschien; es hatten ohnehin die Weinleseferien mich der Rechtsgeschäfte entledigt, denn es war um die Zeit, wo die heißen Sommertage milderem Herbstwetter Platz machen.

Als wir nun bei Tagesgrauen das Flußufer entlang dem Meer zuwandelten – das sanfte Fächeln der Luft erfrischte unsere Glieder und das Gehen in dem leicht nachgebenden Sand bereitete uns einen auserlesenen Genuß –, da bemerkte Cæcilius die Bildsäule des Serapis[11], führte nach der Weise des abergläubischen Volkes die Hand zum Mund und drückte einen Kuß darauf.[12]

Da sagte Octavius: „Es ist nicht wohlgetan, mein Bruder Marcus, daß du einen Mann, der in und außer dem Haus beständig deine Gesellschaft teilt, in solcher Blindheit des Volkswahnes verharren läßt und es ruhig mit ansiehst, wie er am hellen Tag an Steine hinprallt, welche freilich zu Bildern geformt, gesalbt und bekränzt sind, da du doch weißt, daß die Schmach dieser Verirrung ebensogut dich als ihn trifft.

Während er so sprach, hatten wir die Hälfte der Ortschaft durchschritten und bereits die offene Küste erreicht. Sanfte Wellen bespülten und ebneten dort den äußersten Rand des sandigen Ufers, gleich als wollten sie einen Spazierweg bahnen, und wie ja das Meer immer auch bei herrschender Windstille unruhig ist, so fanden wir, wenn auch keine weißschäumenden Wogen aufs Land herausschlugen, doch an dem Gekräusel und den unsteten Bewegungen des immer sich erneuenden Wellentanzes viel Vergnügen. Denn das Meer befeuchtete, da wir dicht am Rand desselben hingingen, unsere Sohlen, indem es abwechselnd bald vordrang und unsere Füße umspülte, bald zurücktrat und die Wellen wieder einschlürfte. Langsam und ruhig wandelten wir also den Rand der allmählich sich krümmenden Küste entlang und verkürzten uns mit Plaudern den Weg.

---

[11] Der neuägyptische Isis- und Serapiskult wurde von den Flavischen Kaisern geduldet und unter den Antoninischen zu einer Modesache unter der vornehmen Welt.

[12] Mit diesem Gestus wurde Harpokrates, der Sohn des Serapis (Osiris), abgebildet.

Octavius erzählte nämlich von seiner Seefahrt. Als wir eine ziemliche Strecke unter Gesprächen zurückgelegt hatten, kehrten wir um und machten denselben Weg noch einmal rückwärts. Wir waren an den Platz gekommen, wo ans Ufer gezogene Schiffe zum Schutz gegen die schädliche Feuchtigkeit des Bodens über Eichenstämmen ruhten. Da sahen wir Kinder, welche eifrig ein Wettspiel mit Scherben trieben, die sie gegen das Meer warfen. Dies Spiel besteht darin, daß man ein abgerundetes, von den Wellen geglättetes, scherbenförmiges Steinchen vom Ufer aufliest, dasselbe in horizontaler Lage mit den Fingern faßt, sich selbst so tief als möglich bückt und es über die Wellen hüpfen läßt. Der geworfene Stein streifte so entweder ruhig dahingleitend die Meeresfläche und schwamm hinaus oder er schnellte die Spitzen der Wellen berührend in einer Reihe von Sprüngen empor. Unter den Kindern betrachtete sich dasjenige als Sieger, dessen Stein am weitesten dahinflog und am öftesten emporsprang.

Während wir nun alle von diesem hübschen Schauspiel gefesselt wurden, merkte Cæcilius gar nicht darauf und lachte nicht über den Wetteifer, sondern war schweigsam und verstimmt, sonderte sich ab und in seiner Miene lag der Ausdruck einer schmerzlichen Bewegung. Ich fragte ihn: „Was ist das? Warum muß ich an dir, lieber Cæcilius, deine sonstige Lebhaftigkeit vermissen? Wo ist dein heiterer Blick, den du sonst auch bei ernsten Dingen zu bewahren pflegst?"

Da erwiderte er: „Schon lange bekümmern und schmerzen mich tief die Worte unseres Octavius, mit welchen er (scheinbar nur) dich angriff und der Nachlässigkeit bezichtigte, um indirekt desto stärker mich der Unwissenheit zu beschuldigen. Daher will ich einen Schritt weiter gehen; ich habe mit Octavius einen prinzipiellen Entscheidungskampf durchzufechten. Ist es ihm recht, so will ich als entschiedener Parteigänger mit ihm disputieren und er wird gewiß einsehen, daß ein Wortgefecht unter Gesinnungsgenossen leichter ist als ein ernster wissenschaftlicher Kampf. Wollen wir uns nur dort auf jenem zum Schutz der Bäder errichteten und ins Meer vorspringenden Steindamm niederlassen, damit wir von dem Spaziergang ausruhen und unsere Gedanken um so mehr auf das Gespräch richten können."

Sofort nahmen wir Platz in der Weise, daß sich die Gegner zu beiden Seiten setzten und mich als Dritten in die Mitte nahmen. Dies geschah nicht aus Höflichkeit, noch aus Rücksicht auf Rang oder Stellung – denn Freundschaft hat Gleichheit der Personen entweder zur Voraussetzung oder zur Folge –, sondern damit ich einerseits als Schiedsrichter beiden zunächst säße und ihren Worten lauschte, andererseits das streitende Paar als Unparteiischer trennte.

Hierauf hob Cæcilius also an: „Du bist zwar, mein Bruder Marcus, über den Gegenstand unserer gegenwärtigen Erörterung nicht unentschieden; du hast dich in beiden Lebensrichtungen sorgsam umgesehen und nun die eine verworfen, die andere aber gutgeheißen. Dennoch mußt du dich für den Augenblick in eine solche Stimmung versetzen, daß du als völlig unparteiischer Richter die Wage hältst und dich nicht nach einer Seite hinneigst, damit dein Spruch nicht als Ausfluß deiner eigenen Sinnesrichtung, sondern lediglich als Ergebnis unserer Erörterungen erscheine. Wenn du mir nun zu Gericht sitzest wie ein völlig Fremder und als kenntest du keine von beiden Parteien, dann ist es nicht schwierig den Beweis zu führen, daß im menschlichen Leben alles zweifelhaft, ungewiß und schwankend und eher wahrscheinlich als wahr ist. Um so mehr ist es zu verwundern, wenn manche von der Unlust gegen die gründliche Erforschung der Wahrheit sich soweit hinreißen lassen, daß sie lieber einem beliebigen Wahn sich blindlings unterwerfen, als mit hartnäckigem Fleiß auf der Forschung beharren. Jeden aber muß es empören und ärgern, wenn gewisse Leute und zwar solche, welche keine gelehrte Bildung, keine wissenschaftliche Weihe empfangen haben, ja sich nicht einmal auf ordinäre Gewerbe verstehen, etwas Sicheres über die Weltregierung zu bestimmen wagen, über welche seit so vielen Jahrhunderten bis zum heutigen Tage die Philosophie selbst in ihren meisten Schulen noch im Zweifel ist, und zwar mit gutem Grund, da die menschliche Beschränktheit von der Erkenntnis des Göttlichen so weit entfernt ist, daß uns weder das, was über uns am Himmel schwebt, noch das, was in den Tiefen der Erde begraben liegt, zu wissen gegönnt, zu untersuchen gestattet oder zu vermuten erlaubt ist, und wir uns glücklich und weise genug dünken dürfen, wenn wir nach jenem alten Spruch des Weisen uns selbst etwas genauer kennen. Aber da wir in wahnwitzigem und verkehrtem Bemühen über die uns angewiesene niedrige Sphäre hinausschweifen und, obwohl in den Staub gebannt, doch den Himmel selbst und die Gestirne mit keckem Verlangen übersteigen, so wollen wir neben dieser Verirrung wenigstens nicht noch phantastischen und schreckhaften Vorstellungen huldigen. Vielleicht sind die Keime aller Dinge von Anbeginn das Erzeugnis der Selbstbefruchtung des Weltprinzips: welcher Gott ist da der Schöpfer? Vielleicht sind die Glieder der ganzen Welt durch zufälliges Zusammenströmen (der Atome) aneinandergefügt, verteilt und gestaltet worden: welcher Gott ist dann der Ordner? Möglich, daß das (Ur-) Feuer die Gestirne in

Brand gesetzt, daß der eigene Stoff (durch seine Leichtigkeit) den Luftraum in die Höhe gehoben, die Erde dagegen durch sein Gewicht in die Tiefe gezogen hat; möglich, daß das Meer zusammengeronnen ist aus der (Ur-) Feuchtigkeit: woher dann diese religiöse Scheu, dieses ängstliche Wesen? Was ist es mit diesem Aberglauben? Der Mensch und jedes lebende Geschöpf, das gezeugt wird, Odem empfängt und heranwächst, ist gleichsam eine willkürliche Verdichtung von Grundstoffen, in welche dieselben wieder zerteilt, aufgelöst und zerstreut werden. So strömen sie zu ihrer Quelle zurück und alles beschreibt einen Kreislauf in sich selbst ohne die Hand eines Künstlers, Lenkers und Schöpfers. So sehen wir infolge der Verdichtung der Feueratome immer wieder andere Sonnen strahlen, so infolge der Ausdünstung der Erde immer neue Nebel aufsteigen, welche, wenn sie sich verdichtet und zusammengeballt haben, als Wolken sich höher emporheben. Senken sich diese, so strömt der Regen, weht der Wind, rauscht der Hagel, stoßen die Dunstmassen zusammen, so brüllt der Donner, leuchtet der Blitz, zuckt der Strahl; er trifft auch bald hierhin bald dorthin, schlägt in Berge, fährt in Bäume; ohne Wahl trifft er heilige und unheilige Orte, schuldige und fromme Menschen. Was soll ich erst davon reden, wie von wechselvollen und unsteten Stürmen alle möglichen Gegenstände in regel- und planlosem Ungestüm einhergetrieben werden, wie bei Schiffbrüchen Gute und Böse das gleiche Los teilen und ohne Rücksicht auf Verdienst bunt durcheinander gewürfelt werden, wie bei Bränden Schuldige und Unschuldige miteinander zugrunde gehen, wie dann, wenn die Luft von verderblichem Krankheitsstoff erfüllt ist, alle ohne Unterschied dahinsterben, und wie, wenn die Kriegsfackel wütet, hauptsächlich die Tüchtigeren unterliegen! Auch im Frieden stehen die Schlechten den Besseren nicht nur gleich, sondern nehmen sogar eine geachtete Stellung ein, sodaß man bei den meisten nicht weiß, ob man ihre Schlechtigkeit verabscheuen oder ihr Glück sich wünschen soll. Würde aber die Welt von einer göttlichen Vorsehung und von dem Machtspruch eines höheren Wesens regiert, so würde nie einem Phalaris[13] und Dionysius der Thron, nie einem Rutilius[14] und Camillus das Exil, nie einem Sokrates der Giftbecher zuteil werden. Sieh nur, die fruchtreichen Obstgärten, die bereits bleichende Saat; die schon in üppigem Saft stehenden Trauben werden vom Regen verdorben, vom Hagel zerschlagen! So sehr entzieht sich entweder die Wahrheit der sicheren Erkenntnis, oder, was glaublicher ist, es herrscht in wechselnden und schwankenden Zufällen ein regelloses Geschick.

Da nun (vom Standpunkt der reinen Spekulation aus) nur ein Entweder – Oder besteht zwischen einem blinden Geschick und einem unbestimmbaren Weltprinzip: um wieviel pietätsvoller und besser ist es, der Lehre der Väter als einer Richtschnur der Wahrheit zu folgen, der Überlieferten Religion zu huldigen, die Götter, welche uns die Eltern eher fürchten lehrten als näher erkennen, anzubeten und über die höheren Mächte nicht abzuurteilen, sondern älteren Geschlechtern zu glauben, welche in noch urwüchsiger Zeit, in der frühesten Kindheitsperiode der

---

[13] Tyrann von Agrigent.

[14] P. Rutilius Rufus zog durch Verteidigung der Provinzbewohner gegen die Bedrückungen der Staatspächter den Haß des Ritterstandes auf sich, wurde selbst wegen Erpressungen angeklagt und durch die jenem Stande angehörigen Richter zum Exil verurteilt.

Welt das Glück hatten, Götter zu Dienern[15] oder zu Herrschern zu haben! So sehen wir denn auch, wie durch alle Reiche, Provinzen und Städte die einzelnen ihre nationalen Gottesdienste haben und ihre vaterländischen Götter verehren: Die Eleusinier die Ceres, die Phrygier die Kybele, die Epidaurier den Æskulap, die Chaldäer den Bel, die Syrer die Astarte, die Taurier die Diana, die Gallier den Merkur, die Römer aber alle Gottheiten. So hat ihr Machtwort von dem ganzen Erdenrund Besitz ergriffen und sein Herrschgebiet über die Bahnen der Sonne[16] und die Grenzen des Weltmeers hinaus ausgedehnt, während sie im Feld Frömmigkeit mit Heldenmut paarten, während sie ihre Stadt schützten durch heilige Gebräuche, durch keusche Jungfrauen, durch mancherlei priesterliche Ämter und Titel, während sie belagert und bis auf das Kapitol zurückgedrängt immer noch die Götter verehrten, von denen sich ein anderer, voll Entrüstung schon abgewendet haben würde, und durch die Reihen der über die Kühnheit des religiösen Glaubens staunenden Gallier dahinschritten ohne Waffen, nur durch den gottesdienstlichen Ornat gewappnet, während sie nach der Erstürmung feindlicher Mauern mitten in der wilden Aufregung des Sieges die überwundenen Gottheiten verehrten, während sie von allen Seiten die Götter gastlich herbeizogen und zu den ihrigen machten, während sie zuweilen auch für unbekannte Götter und für Geister der Verstorbenen Altäre errichteten. Indem sie so die religiösen Einrichtungen aller Nationen annahmen, haben sie sich auch die Herrschaft über sie erworben. In der Folgezeit dauerte ungestört

---

[15] Wie Herkules, Apollo, oder Neptun.
[16] Vergil. Æn. 6, 795.

fort der gottesfürchtige Sinn, welchen die Länge der Zeit nicht schwächt, sondern kräftigt. Denn das Altertum pflegt den frommen Gebräuchen und Tempeln um so mehr Heiligkeit zu verleihen, je mehr Jahre es ihnen zuführt.

Doch unsere Vorfahren – denn ich will inzwischen mit meiner eigenen Person zurücktreten und so meinen (etwaigen) Irrtum verzeihlicher machen – unsere Vorfahren hatten ihre Gründe, warum sie sich auf Beobachtung der Augurien, auf Befragung der Eingeweide, auf Einführung religiöser Institute, auf Einweihung von Tempeln eifrig verlegten. Lies nur die geschichtlichen Urkunden und du wirst finden, daß sie bei der Einführung aller heiligen Gebräuche den Zweck verfolgten, entweder für eine göttliche Gnade Vergeltung zu üben oder den drohenden Grimm (der Götter) abzuwenden oder ihn, wenn er bereits anschwoll und losbrach, zu versöhnen. Das bezeugt die idäische Mutter[17], welche bei ihrer Ankunft den Beweis lieferte für die unverletzte Tugend einer Römerin[18] und die Stadt von Feindesfurcht befreite. Das bezeugen die im Teich[19] errichteten Reiterstatuen der beiden Brüder[20], hoch zu Roß, wie sie sich gezeigt hatten; denn atemlos auf schäumenden und dampfenden Rossen verkündigten sie den Sieg über Perses noch an demselben Tag, an welchem sie ihn hatten erfechten helfen.[21] Das bezeugt die Wiederholung der Spiele des beleidigten Jupiter infolge des Traums eines Plebejers[22]

---

[17] Kybele.
[18] Claudia Quinta, Liv. 29, 14.
[19] Der Juturna.
[20] Castor und Pollux.
[21] Valer. Max. 1, 8, 1.
[22] T. Latinus. Liv. 2, 36.

und die erfolgreiche Opferung der Decier. Das bezeugt auch Curtius, der durch die Körpermasse oder durch seine sittliche Größe den tiefen Erdriß ausglich, in welchen er zu Roß hinabsprengte.[23] Häufiger auch, als uns lieb sein konnte, hat die Verachtung der Auspizien die unmittelbare Nähe der Götter dargetan. So bekam der Name Allia[24] eine unheilvolle Bedeutung, so erlebten Claudius und Junius statt eines Gefechtes mit den Puniern einen mörderischen Schiffbruch.[25] Um den Trasimenersee mit Römerblut zu füllen und zu sterben, verachtete Flaminius die Augurien[26] und damit wir von den Parthern die Feldzeichen zurückfordern müßten hat Crassus die göttlichen Unglücksdrohungen verdient und verhöhnt.[27] – Ich will die vielen Beispiele aus alter Zeit unerwähnt lassen; ich schweige von den Liedern der Dichter über die Geburtstage, Gaben und Geschenke der Götter; ich übergehe auch die Schicksalssprüche der Orakel. Das hohe Alter dieser Dinge würde sie euch am Ende als gar zu fabelhaft erscheinen lassen. Aber richte nur deinen Blick auf die Tempel und Heiligtümer der Götter, welche der Stadt Rom Schutz und Schmuck verleihen! Sie sind mehr noch erhaben durch die Gottheiten, die ihre Wohnstätte in ihnen aufgeschlagen haben als reich an äußerem Schmuck, Zieraten und Weihgeschenken. – Daher erhalten denn auch die von der Gottheit erfüllten und ihr vertrauten Seher Aufschluß über die Zukunft und bieten

---

[23] Liv. 7, 6.

[24] Liv. 5, 38.

[25] Den Schiffbruch erlitt nur L. Junius Pullus, nachdem vorher sein Amtsgenosse P. Claudius Pulcher bei Drepana 249 v. Chr. Eine Seeschlacht verloren hatte.

[26] Cic. nat. deor. 2, 3.

[27] Plut. Crassus 20.

Vorsichtsmaßregeln für Gefahren, Heilmittel für Krankheiten, Hoffnung für die Gebeugten, Hilfe für die Unglücklichen, Trost bei den Schlägen des Schicksals, Erleichterung in Mühsalen. Sogar während der Nachtruhe sehen, hören und erkennen wir die Götter, die wir am Tag ruchloser Weise verleugnen, verwerfen, verschwören.

Da also unter allen Völkern in Betreff der Existenz der unsterblichen Götter, so schwankend auch die Ansichten über ihr Wesen und ihren Ursprung sind, doch eine feste Übereinstimmung herrscht, so kann ich es nicht vertragen, wenn jemand sich mit solcher Vermessenheit und so gottloser „Aufgeklärtheit" breit macht, daß er diese alte, nützliche und heilsame Religion aufzulösen oder zu schwächen trachtet. Mag auch ein Theodorus aus Kyrene oder schon vor ihm ein Diagoras aus Melos, dem das Altertum den Namen des Gottesleugners gab, durch die Behauptung, es gebe keine Götter, alle Scheu, durch welche die Menschheit in Schranken gehalten wird, und alle Pietät aufgehoben haben: dennoch wird bei so gottlosen Lehren ihre Afterphilosophie niemals einen bedeutenden Namen oder Einfluß gewinnen. Wenn die Athener einen Protagoras aus Abdera, der mehr mit kühlem Verstand als frivol über die Gottheit sich aussprach, aus ihrem Land jagten und in der Volksversammlung seine Schriften verbrannten: ist es da nicht schmerzlich zu beklagen, wenn Menschen – ihr werdet verzeihen, wenn ich im Eifer für die übernommene Sache mein Herz gründlich ausschütte –, ich sage: wenn Menschen einer bejammernswerten, unerlaubten, verzweifelten Rotte gegen die Götter zu Felde ziehen, indem sie aus der Hefe des Volkes unwissende Leute und leichtgläubige Frauen, welche schon die Schwäche ihres Geschlechtes zu Verirrungen treibt, zusammenklauben und eine ruchlose Verschwörerschar bilden, welche bei nächtlichen Zusammenkünften, bei hungerleiderischen Festen und kannibalischen Speisen nicht durch eine heilige Handlung, sondern durch ein Verbrechen sich verbrüdert, ein duckmäuserisches, lichtscheues Volk, stumm in der Öffentlichkeit, nur in den Winkeln redselig. Die Tempel verachten sie als Grabmäler[28], verunehren die Götter, lachen über die Opfer, bemitleiden die Priester, selbst des Mitleids wert – wenn man so sagen darf –, und schauen voll Geringschätzung auf Ehrenstellen und Amtskleider, selbst kaum fähig ihre Blöße zu bedecken. Welch eine staunenswerte Torheit und unglaubliche Vermessenheit! Sie verachten die gegenwärtigen Martern, während sie ungewisse und zukünftige besorgen, und indem sie einen Tod noch nach dem Tode fürchten, fürchten sie den Tod im Diesseits nicht: so gut weiß bei ihnen eine trügerische Hoffnung die Furcht durch den trostreichen Gedanken eines neuen Lebens zu beschwichtigen.

Und wie das Böse jederzeit ein üppigeres Wachstum hat, so wuchern bei der täglich zunehmenden Sittenverderbnis jene abscheulichen Heiligtümer einer ruchlosen Genossenschaft schon über den ganzen Erdkreis. Mit der Wurzel sollte dieser Verein ausgerissen und dem Bannfluch anheimgegeben werden. Sie erkennen sich an geheimen Merkmalen und Abzeichen und lieben sich, fast bevor sie sich kennen; sie üben auch durchgängig miteinander sozusagen einen Kult der Lust und nennen sich unterschiedslos Brüder und Schwestern, damit durch die Annahme dieses heiligen Namens auch die gewöhnliche Unzucht

---

[28] Tac. Ann. 4, 38.

zur Blutschande werde. So tut ihr gehalt- und sinnloser Aberglaube mit Verbrechen noch groß. Läge aber keine Wahrheit zugrunde, so wüßte nicht das scharfsichtige Gerücht von ihnen so frevelige Dinge zu erzählen, die man ohne sich zu entschuldigen, gar nicht aussprechen darf. Höre ich doch, daß sie den Kopf eines höchst gemeinen Tieres[29] weihen und ich weiß nicht in welcher albernen Meinung verehren[30], ein Kult, würdig solcher Sitten, deren Ausgeburt er ist. Andere berichten, sie verehrten die Lenden ihres Vorstandes und Priesters und beteten so gleichsam ihres Vaters Schöpferkraft an. Ich weiß nicht, ob dieser Argwohn nicht falsch ist; jedenfalls aber stimmt er zu der Heimlichkeit und dem nächtlichen Dunkel ihrer Ritualien. Wer ferner sagt, daß ein Mensch, den für ein Verbrechen die härteste Strafe traf, und das todbringende Holz des Kreuzes ihre Heiligtümer seien, der schreibt ihnen einen Kult zu, wie er für verworfene und ruchlose Menschen paßt, insofern sie das verehren, was sie verdienen. Und nun gar die Erzählung von der Einweihung ihrer Neulinge ist ebenso abscheulich als bekannt. Ein kleines Kind mit Getreide bedeckt, um die Unbefangenen zu täuschen, wird dem Einzuweihenden vorgesetzt. Dieses Kind wird von dem Neuling, der durch die Getreidehülle zu dem Glauben verleitet wird, die Stiche seien unschädlich, durch Wunden getötet, die sich dem Anblick

---

[29] Eines Esels.

[30] Im sogenannten Pagenzimmer des palatinischen Kaiserpalastes wurde eine jetzt im Museum Kircherianum aufbewahrte Wandzeichnung gefunden, die einen Gekreuzigten mit einem Eselskopf darstellt. Daneben ist eine Gestalt in betender Stellung, über welcher die Worte stehen: „Alexamenos betet seinen Gott an." Wahrscheinlich stammt die Zeichnung von der Hand eines Sklaven, der den Glauben seines christlichen Mitsklaven verhöhnen wollte.

völlig entziehen. Das Blut des Kindes – welch ein Greuel! – schlürfen sie gierig auf, reißen sich um seine zerstückelten Glieder und durch dieses Opfer verbrüdern sie sich, durch diese Mitwisserschaft um ein Verbrechen verbürgen sie sich gegenseitiges Stillschweigen. Solche heiligen Gebräuche sind schmählicher als jegliche Heiligtumsschändung.[31] – Bekannt sind ferner ihre Gastmähler; alle Welt redet davon. Auch die Erörterung unseres Cirtensers zeugt dafür.[32] An einem festlichen Tag vereinigen sie sich zum Schmaus mit allen ihren Kindern, Schwestern und Müttern, Leute jedes Geschlechtes und jedes Alters. Wenn nach reichlichen Tafelfreuden die Tischgenossenschaft recht aufgeregt und durch die Trunkenheit die Sinnlichkeit entfacht ist, dann wird ein an einen Kandelaber gebundener Hund durch einen vorgeworfenen Bissen angereizt über die Länge der Schnur, mit welcher er angebunden ist, hinauszustreben und zu springen. Ist so das verräterische Licht umgestürzt und erloschen, dann schlingen sie in der schamlosen Finsternis die Bande verbrecherischer Leidenschaft, wie es gerade der ungewisse Zufall will; und wenn auch nicht alle durch die Tat, so machen sie sich doch durch die Mitwisserschaft des gleichen Greuels schuldig. Denn alles, was durch die Handlung des einzelnen geschehen mag, entspricht ja dem Wunsch der Gesamtheit.

Ich übergehe absichtlich vieles; ist doch schon das Gesagte zuviel, welches ganz oder zum größten Teil durch das versteckte Wesen eben dieser verwerflichen Religion als wahr erwiesen wird.

---

[31] Veranlaßt wurde diese Sage durch falsche Auffassung der Eucharistie von seiten der Heiden, welche die Ausdrücke; „das Fleisch des Menschensohnes essen" und „sein Blut trinken" wörtlich verstanden.

[32] Fronto, Rhetor und Lehrer des Marcus Aurelius, starb etwa 168.

Denn warum suchen sie so angelegentlich den Gegenstand ihrer Verehrung, welcher Art er auch sein mag, zu verheimlichen und zu verbergen, da sich doch das Ehrbare immer der Öffentlichkeit freut und nur das Laster sich versteckt? Warum haben sie keine Altäre, keine Tempel, keine bekannten Götterbilder? Warum reden sie nie öffentlich, versammeln sich nie ungescheut, wenn der Gegenstand ihrer Verehrung und Verheimlichung nicht sträflich oder schimpflich ist? – Welches ist der Ursprung, die Persönlichkeit und die Wohnstätte jenes einzigen, einsiedlerischen und verlassenen Gottes, den kein freies Volk, keine fürstliche Regierung und nicht wenigstens der religiöse Eifer der Römer kennt? Das einzige, jämmerliche Judenvölkchen hat ebenfalls nur einen Gott, aber doch öffentlich, doch mit Tempeln, Altären, Opfern und Zeremonien verehrt; dieser aber hat so wenig Macht und Gewalt, daß er samt seinem eigenen Volk der Gefangene der römischen Götter ist. Doch welche Ungeheuerlichkeiten und Mißgeburten schafft erst die Phantasie der Christen! Jener ihr Gott, den sie weder zeigen können noch sehen, soll den Lebenswandel und die Handlungsweise aller, ja auch ihre Worte und geheimen Gedanken genau erforschen, indem er natürlich bald dahin bald dorthin eilt und überall gegenwärtig ist. Sie stellen ihn als ein zudringliches, ruheloses, ja über die Grenzen des Anstands hinaus neugieriges Wesen dar, wenn er wirklich bei allen Handlungen zugegen ist und allerorten umherschweift. Und doch kann er weder dem Einzelnen dienen, wenn er seine Tätigkeit über das Ganze zersplittert, noch dem Ganzen genügen, während er durch das Einzelne in Anspruch genommen ist.

Nicht genug! Dem ganzen Erdkreis und der Welt selbst mit ihren Gestirnen drohen sie mit Verbrennung, bereiten sie den

Einsturz, gerade als könne die ewige, auf göttliche Gesetze gegründete Ordnung der Natur gestört, oder als könne das Band, das alle Elemente umschlingt, zerrissen, das Gefüge des Himmels gelöst und jener Riesenbau, durch welchen er zusammengehalten und umgürtet wird, in seinen Grundfesten erschüttert werden. Und nicht zufrieden mit diesem aberwitzigen Glauben fügen sie noch Ammenmärchen hinzu, sagen, nach dem Tod, nach ihrer Verwandlung in Staub und Asche, erstünden sie zu neuem Leben, und glauben einander ihre Lügen mit unbegreiflicher Vertrauensseligkeit. Man möchte meinen, sie seien selbst schon einmal aus dem Tode erstanden. Eine zwiefache Verkehrtheit und ein doppelter Wahnsinn, dem Himmel und den Gestirnen, welche wir so zurücklassen, wie wir sie vorfinden, den Untergang zu weissagen, sich selbst aber nach Tod und Vernichtung ein ewiges Leben zu verheißen, da wir doch, wie wir entstehen, so auch vergehen. Darum eben verwerfen sie die Scheiterhaufen und verdammen die Bestattung durch Feuer, als ob nicht jeder Leib, wenn er auch den Flammen vorenthalten wird, doch im Lauf der Jahre in Erde aufgelöst würde, und als ob es nicht ganz gleich wäre, ob ihn wilde Tiere zerreißen, das Meer verschlingt, die Erde bedeckt oder die Flammen verzehren. Ist ja doch für die Leichname, wenn sie noch eine Empfindung haben, jede Bestattungsart eine Marter, wenn sie aber keine Empfindung haben, gerade das Feuer durch die schnelle Art der Auflösung eine Wohltat. In diesem ihrem Irrwahn verheißen sie sich als den Guten nach dem Tode ein seliges und ewiges Leben, den übrigen aber als den Ungerechten kündigen sie eine ewige Strafe an. Ich hätte viel hiergegen zu sagen, wenn ich mich nicht kurz zu fassen wünschte.

Daß sie vielmehr selbst das Prädikat „Ungerechte" verdienen, habe ich bereits dargetan und Überhebe mich der weiteren Mühe. Indessen selbst angenommen, sie wären wirklich gerecht, so wird doch Laster oder Tugend nach der verbreitetsten Ansicht auf Rechnung des Geschickes geschrieben und dies ist auch eure Überzeugung; macht ihr doch alles menschliche Tun von Gott abhängig, wie andere vom Schicksal. So behauptet ihr, daß zu eurer Sekte die Herzen nicht freier Entschluß, sondern (Gnaden-) Wahl hinziehe. Ihr nehmt also einen unbilligen Richter an, der an den Menschen ihr Los, nicht ihren Willen straft.

Ich möchte aber doch wissen, ob man mit einem Körper oder ohne einen solchen, und mit welchem Körper; ob mit dem ursprünglichen oder einem erneuten aufersteht. Ohne Körper? Dies ist meines Wissens weder Geist noch Seele noch Leben. Mit dem ursprünglichen Körper? Aber der ist schon vorher zerfallen. Mit einem anderen Körper? Dann entsteht also ein neuer Mensch und wird nicht jener alte wieder hergestellt.

Übrigens im langen Lauf der Geschichte, in der unabsehbaren Reihe der verflossenen Jahrhunderte – welcher einzige Mensch ist auch nur in der Weise des Protesilaus mit einem Urlaub wenigstens auf einige Stunden aus dem Totenreich wiedergekehrt[33], damit man doch wenigstens ein Beispiel für diesen Glauben hätte? Alle jene Ausgeburten einer krankhaften Phantasie und albernen Trostversuche, mit welchen trügerische Poeten ein leeres Spiel trieben, um ihren Dichtungen Reiz zu verleihen, wurden von euch in allzu gläubiger Hingebung an euren Gott schimpflicher Weise wieder aufgewärmt.

---

[33] Protesilaus, ein vor Troja gefallener Fürst, erhielt nach der Sage auf Bitten seiner Gemahlin Laodamia die Erlaubnis, auf drei Stunden in die Oberwelt zurückzukehren. Vgl. Ovid. Heroid. 13; Lukian. Totengespr. 23.

Nicht einmal von der Gegenwart nehmt ihr ab, durch welch nichtige Verheißungen, durch welch vergebliche Wünsche ihr euch täuschen laßt. Urteilt doch aus den Erfahrungen, die ihr bei euren Lebzeiten macht, ihr Unglückseligen, was nach dem Tode euer Los sein wird. Seht nur! Ein Teil von euch, und zwar der größere und nach eurer eigenen Behauptung der bessere, darbt, friert, plagt sich, hungert, und Gott duldet und ignoriert es, will oder kann den Seinigen nicht helfen; so machtlos oder ungerecht ist er. Du, der du von Unsterblichkeit nach dem Tode träumst, merkst du noch nicht, wie es um dich steht, wenn dich die Gefahr durchschauert, das Fieber durchglüht, der Schmerz zerfleischt? Erkennst du noch, nicht deine Hinfälligkeit? Wider Willen wirst du, Armseliger, der Gebrechlichkeit überwiesen und willst es nicht zugestehen.

Doch ich will nicht länger von allgemeinen Übeln reden. Aber seht nur! Euch insonderheit betreffen drohende Erlasse, Hinrichtungen, Foltern und Kreuze – nicht mehr anzubetende, sondern zu besteigende –, auch Feuergluten, wie ihr sie voraus verkündigt und (erst als zukünftig) fürchtet. Wo ist da der Gott, der nur den Widererstehenden, nicht aber den Lebenden helfen kann? Führen die Römer nicht ohne euren Gott ihr gewaltiges Regiment; sind sie nicht ohne ihn im Genuß des ganzen Erdkreises und eure Herren?

Ihr aber, hienieden voll banger Erwartung und Sorge, enthaltet euch auch der ehrbaren Vergnügungen; besucht keine Schauspiele, flieht die Prozessionen, nehmt keinen Teil an den öffentlichen Gastmählern und scheut zurück vor den festlichen Wettkämpfen und vor den Speisen und Getränken, von denen den

Göttern ihr Teil geopfert worden.[34] Dermaßen fürchtet ihr die Götter, die ihr leugnet. Ihr bekränzt das Haupt nicht mit Blumen, gönnt dem Körper keine Wohlgerüche; die Salben spart ihr für die Leichen auf, Kränze versagt ihr auch den Gräbern und schwankt bleich umher, würdig des Mitleids – unserer Götter. So ersteht ihr Armen weder nach dem Tode noch lebt ihr vor demselben.

Drum wenn ein Funke von Vernunft oder Bescheidenheit in euch wohnt; laßt ab die Gebiete des Himmels und die Geschicke und Geheimnisse der Welt zu durchgrübeln! Es genügt, auf das unmittelbar vor den Füßen liegende zu schauen, besonders für Leute ohne Gelehrsamkeit und Bildung, ohne Erziehung und Lebensart, welche nichts von politischen Verhältnissen verstehen, geschweige daß sie religiöse Dinge zu erörtern vermöchten!

Reizt es euch indessen zu philosophieren, so mag jeder von euch, der sich bedeutend genug dazu fühlt, wo möglich den Sokrates, den Meister der Philosophie, nachahmen. Seine Antwort auf Fragen, die man über himmlische Dinge an ihn richtete, ist bekannt: „Was über uns ist, ist nicht für uns." Mit Recht ist ihm deshalb von seiten des Orakels das Zeugnis außerordentlicher Weisheit zuteil geworden. Den Sinn, welchen das Orakel mit diesem Ausspruch verband, durchschaute er selbst mit völliger Klarheit (indem er erkannte), es habe ihn allen anderen vorgezogen, nicht als ob er alles wüßte, sondern weil er zur Einsicht gelangt wäre, daß er nichts wisse. So ist das Geständnis der Unwissenheit die höchste Weisheit. Aus dieser Quelle floß der sicher gehende Zweifel des Arkesilas und viel später des Karne-

---

[34] 1. Kor. 8, 7.

ades, des Pyrrho und der meisten Akademiker in den höchsten Fragen, eine Methode, nach welcher Ungelehrte ohne Gefahr und Gelehrte mit Ruhm philosophieren können.[35] – Um ein weiteres Beispiel anzuführen: verdient nicht das zögernde Verfahren des Lyrikers Simonides die Bewunderung und Nachahmung aller? Da er nämlich von dem Tyrannen Hiero gefragt wurde, was er von den Göttern halte und wie er sich dieselben vorstelle, erbat er sich erst einen Tag Bedenkzeit; am folgenden Tag ließ er sich die Frist um zwei Tage verlängern; als er hierauf gemahnt wurde, ließ er sich noch einmal soviel dazugeben. Da fragte schließlich der Tyrann nach den Gründen des langen Zauderns, und Simonides erwiderte, je bedächtiger er nachforsche, um so mehr verhülle sich ihm die Wahrheit.

Das ist auch meine Ansicht. Man muß zweifelhafte Dinge lassen, wie sie sind, und darf nicht, während so viele große Männer darüber noch Erwägung pflegen, unbesonnen und keck ein einseitiges Urteil fällen, damit nicht entweder ein Köhlerglaube Platz greife oder alle Religiosität untergraben werde.

Also sprach Cæcilius, und lächelnd – denn der ungestüme Redefluß hatte seiner verhaltenen Entrüstung Luft gemacht – setzte er hinzu: „Wagt hierauf Octavius wohl eine Entgegnung, der Mann von der Sippe des Plautus[36], der erste der Mühlknechte

---

[35] Arkesilas war Stifter der mittleren, Karneades der der neuen Akademie.

[36] Plautus soll sich einige Zeit als Arbeiter in einer Mühle, also durch die nach Anschauung der Alten beschwerlichste und niedrigste Beschäftigung, sein Brot verdient haben. Mit den Ausdrücken „Sippschaft des Plautus", „Mühlknechte" wird offenbar auf den niedrigen Stand der Mehrzahl der Christen angespielt. Octavius wird dieser „Sippschaft" beigezählt, nicht weil er selbst niedrigen Standes war, sondern weil er mit christlichen Arbeitern und Sklaven in innigster Gemeinschaft lebte.

und letzte der Philosophen?"

„Unterlaß", erwiderte ich, „deine höhnenden Bemerkungen gegen ihn. Es wäre gegen die gleichmäßige Ordnung des Gespräches, wenn du dich als Sieger brüsten würdest, ehe beide Teile sich gründlicher ausgesprochen haben, besonders da euer Streit nicht Ruhm, sondern Wahrheit zum Ziel hat. Deine Rede hat mich zwar durch ihr schlau berechnetes Farbenspiel sehr ergötzt, aber ich lasse mich, abgesehen von dem gegenwärtigen Streit, überhaupt bei Disputationen nicht so leicht hinreißen. Denn je nach den Kräften der Sprechenden und nach der Gewalt ihrer Beredsamkeit stellt sich sehr häufig selbst die augenscheinlichste Wahrheit in einem veränderten Licht dar. Es ist dies eine bekannte Folge der nachgiebigen Schwäche der Zuhörer. Denn unter dem verführerischen Zauber der Worte verlieren sie die tatsächlichen Verhältnisse aus den Augen und stimmen dann urteilslos allen möglichen Behauptungen bei, ohne das Falsche von dem Wahren zu scheiden. Sie bedenken eben nicht, daß auch hinter Unglaublichem eine Wahrheit und auch hinter Wahrscheinlichem eine Lüge stecken kann. Je öfter sie nun zuversichtlichen Behauptungen (blinden) Glauben schenken, desto öfter werden sie von Verständigeren des Irrtums überwiesen, und wenn sie sich so durch ihren Mangel an Umsicht beständig getäuscht sehen, klagen sie, statt die Schuld im eigenen Urteil zu finden, über die Unsicherheit (der Wahrheit), sodaß sie nach Verwerfung aller (bestimmten) Ansichten lieber alles in der Schwebe lassen als über trügerische Dinge ein Urteil fällen. – Drum müssen wir uns vorsehen, daß uns nicht aus dem gleichen Grunde ein Widerwille gegen jede Art der Erörterung ergreife, wie so häufig allzu arglose Leute in leidenschaftlichem Abscheu und Haß gegen die

Menschheit verfallen. Denn in ihrer harmlosen Leichtgläubigkeit werden sie von solchen betrogen, welche sie für gut gehalten haben; danach geraten sie auf eine nicht weniger verkehrte Bahn, fassen Mißtrauen gegen alle Menschen und scheuen als unredlich auch solche, in welchen sie ganz wackere Leute hätten kennenlernen können.

So wollen denn wir, da jede Sache eine doppelte Darstellungsweise zuläßt und sehr häufig die Wahrheit in unscheinbarer Hülle einer außerordentlichen Geriebenheit gegenübersteht, welche bisweilen durch die Fülle der Worte scheinbar die Glaubwürdigkeit eines unwiderleglichen Beweises erreicht, – wir also wollen auf unserer Hut sein und Punkt für Punkt mit möglichster Sorgfalt erwägen, damit wir geistreiche Wendungen loben, das Richtige aber auslesen, anerkennen und uns aneignen mögen."

Da sprach Cæcilius: „Du handelst gegen die Pflicht eines gewissenhaften Richters, denn es ist sehr ungerecht von dir, durch höchst bedeutungsvolle Zwischenbemerkungen die Kraft meiner Anklage zu schwächen, während die einzelnen Punkte (von dritter Hand) unberührt und ungeschwächt bleiben sollten, um von Octavius, wenn es ihm möglich ist, widerlegt zu werden."

„Meine Worte", entgegnete ich, „über welche du dich beklagst, sind, wenn ich mich nicht irre, in unserem gemeinsamen Interesse gesprochen, damit wir mit gewissenhafter Prüfung unser Urteil nicht nach rednerischem Wortschwall, sondern nach dem eigentlichen reellen Wert abwägen. Doch ich will dir nicht länger durch Ablenkung der Aufmerksamkeit Anlaß zur Klage geben, können wir doch in aller Ruhe die Antwort unseres ungeduldig harrenden Januarius anhören."

Da begann Octavius: „Ja, ich will sprechen, so gut es in meinen

Kräften steht; auch du, Minucius, mußt mir deinen Beistand leihen, daß wir den widerlichen Schmutz der Verleumdung durch das lebendige Wasser einer wahrhaftigen Darstellung tilgen.

Ich will von vornherein nicht verhehlen, daß die Gedanken meines lieben Natalis so unstet, ruhe- und haltlos hin und her schwankten, daß man im Zweifel sein muß, ob sie arglistiger Weise durcheinandergewirrt wurden oder aus Versehen abirrten. Denn abwechselnd bekannte er sich bald zum Glauben an die Götter, bald zum Zweifel an ihrer Existenz, damit es meiner Entgegnung, wenn sie auf dem unsicheren Grund der aufgestellten Sätze fußen würde, noch weniger möglich wäre, einen sicheren Plan zu verfolgen. Doch Arglist will ich bei meinem Natalis nicht voraussetzen, ich glaube auch nicht daran. Durchtriebene Sophisterei liegt seinem ehrlichen Wesen fern. – Wie steht es aber dann? – Wie mancher, der die rechte Straße nicht kennt, an einem Scheideweg über die einzuschlagende Richtung in zagender Ungewißheit schwebt und weder den einen der Wege zu wählen wagt, noch alle für richtig halten kann: so schwanken die Ansichten eines Menschen, welcher nicht einen sicheren Prüfstein für die Wahrheit hat, je nachdem bald da bald dort eine unsichere Hypothese auftaucht, haltlos hin und her. Kein Wunder also, wenn Cæcilius wiederholt zwischen Extremen und Widersprüchen gleich den Wellen einer Brandung hin und her treibt. Damit dies aber nicht auch in Zukunft geschehe, will ich die geäußerten Ansichten trotz des Gegensatzes, in welchem sie zu sich selber stehen, mittelst der einen unumstößlichen und bewährten Wahrheit gründlich widerlegen. So braucht er fürderhin nicht mehr zu zweifeln und zu schwanken.

Wenn mein Bruder Cæcilius kein Hehl daraus gemacht hat, es

sei ihm ärgerlich und recht gründlich zuwider, daß ungebildete, arme und unwissende Leute über himmlische Gegenstände disputierten, so möge er doch bedenken, daß alle Menschen ohne Unterschied des Alters, des Geschlechtes und des Ranges vom Mutterleib an der Vernunft und Wahrnehmung teilhaftig und dazu geschickt sind, und daß wissenschaftlicher Sinn nicht ein Standesvorrecht, sondern eine ursprüngliche Gabe der Natur ist, ja daß auch Philosophen oder andere, welche sich durch wissenschaftliche Entdeckungen einen Namen in der Geschichte gemacht haben, bevor sie sich durch ihre geistige Energie Berühmtheit erwarben, dem niederen Volk angehörten, der Bildung entbehrten und kaum ihre Blöße zu bedecken vermochten; daß überdies, während die Reichen, in die Bande ihres Besitzes verstrickt, das Geld höher zu halten pflegen als den Himmel, arme Glaubensgenossen von uns eine vernunftgemäße Lehre ausgedacht und ihr System der übrigen Menschheit überliefert haben. Daraus erhellt, daß das Talent nicht durch Vermögen erkauft noch durch gelehrte Studien errungen, sondern zugleich mit der Erschaffung des Geistes ins Dasein gerufen wird. Es ist also kein Grund zur Entrüstung oder Betrübnis vorhanden, wenn ein gewöhnlicher Mensch über religiöse Dinge forscht, sich eine Meinung bildet und sie ausspricht, da es nicht auf das Ansehen des Sprechenden, sondern auf die Richtigkeit des Gesprochenen ankommt. Tritt ja sogar, je kunstloser die Ausdrucksweise ist, um so klarer der Sinn zutage, weil er dann nicht durch äußeren Prunk wohltönender Phrasen geschminkt, sondern nach dem Richtmaß der Wahrheit in seiner Ursprünglichkeit erhalten wird.

Ich habe nichts dagegen, wenn Cæcilius es als ein wesentliches Erfordernis zu betonen versuchte, daß ein Mensch sich selbst kennen und daß er forschen müsse nach seinem Wesen, seinem Ursprung und seiner Bestimmung: ob er ein Produkt der Verdichtung der Elemente oder ein Aggregat von Atomen, oder ob er von Gott geschaffen, gestaltet und beseelt sei. Aber eben dies können wir nicht gründlich erforschen ohne eine Untersuchung über das Weltall, da beide Gebiete so untrennbar vereinigt sind, daß man, um das Wesen der Menschheit zu kennen, das der Gottheit sorgfältig erforscht, und um einen Staat gut zu verwalten, den gesamten Staatsorganismus des Weltalls erkannt haben muß. Unterscheiden wir uns ja ohnedies dadurch von den wilden Tieren, daß diese, in gebückter Stellung und der Erde zugekehrt, für keine andere Forschung geschaffen sind als für die nach ihrem Futter, während wir, deren Antlitz aufwärts gerichtet, denen der Aufblick zum Himmel, denen Sprache und Vernunft gegeben ist, wodurch wir Gott erkennen, erfassen und ihm nachstreben, die unseren Augen und Sinnen sich aufdrängende Herrlichkeit des Himmels weder ignorieren dürfen noch können. Ist es doch einer Entweihung des Heiligsten gleichzuachten, wenn man im Staub sucht, was man in der Höhe finden soll. Um so mehr scheinen mir Leute, welche glauben, daß dieser kunstreiche Bau des Weltalls nicht nach einem göttlichen Plan vollendet sei, sondern gleichsam durch planlos aneinander klebende Brocken sich zusammengeballt habe, keine Vernunft, kein Wahrnehmungsvermögen, ja keine Augen im Kopf zu haben. Denn was kann so offenkundig, so unbestreitbar und klar sein, wenn man die Blicke gen Himmel hebt und das, was unter und um uns ist, mit forschendem Blick betrachtet, als daß es ein höheres Wesen von außerordentlicher Geisteskraft gibt, von welchem die ganze Natur belebt, bewegt, ernährt und regiert wird? Sieh nur den Himmel selbst an, wie weit er sich ausdehnt, mit welch reißender Schnelligkeit er sich umwälzt, wie er des Nachts im Sternenschmuck prangt, des Tags im Sonnenglanz strahlt, und du wirst erkennen, wie wunderbar und göttlich die Kunst des Gleichgewichts ist, die der höchste Leiter in ihm wirken läßt. Sieh auch das Jahr, wie es durch den Umlauf der Sonne vollendet, und den Monat, wie sein Kreislauf durch Zunahme, Abnahme und Verschwinden des Mondes bestimmt wird! Was soll ich von dem immer wiederkehrenden Wechsel von Licht und Finsternis reden, damit für uns Arbeit und Ruhe sich gegenseitig ablösen? Eine ausführlichere Erörterung über die Himmelskörper müssen wir den Astronomen überlassen, wie sie die Bahn der Schiffahrt bestimmen, wie sie die Zeit des Ackerns und Erntens ankünden. Es sind das Dinge, deren jedes nicht nur zu seiner ursprünglichen Einrichtung und Anordnung eines höchsten Werkmeisters und eines vollkommenen Denkvermögens bedurfte, sondern ohne die größte Energie und Denkkraft nicht einmal gehörig begriffen werden kann.

Weiter! Wenn die Reihenfolge der Jahreszeiten und ihrer Erzeugnisse in gesetzmäßig wechselnden Epochen verläuft, legt nicht für seinen Schöpfer und Stifter Zeugnis ab der Frühling mit seinen Blumen wie der Sommer mit seiner Schnitternte, der Herbst mit seinen lieblichen reifen Früchten wie der Winter mit seinen notwendigen Oliven?[37] Diese Ordnung würde leicht gestört werden, läge ihr nicht die größte Planmäßigkeit zugrunde. Welch eine weise Einrichtung war es, damit nicht (bloß zwei Extreme bestünden und) entweder der Winter durch eisigen Frost

---

[37] Die Olivenernte fällt in den Anfang des Dezembers.

Erstarrung verbreite oder der Sommer durch glühende Hitze (alles) versenge, zur Vermittlung den gemäßigten Herbst und Frühling dazwischenzuschieben, auf daß die Übergänge des Jahreskreislaufs unmerklich und unschädlich sich auf dem Fuße folgten.

Richte deinen Blick auf das Meer! Durch das Gestade wird es in festen Grenzen gehalten! Sieh die Bäume, wie sie allzumal aus den Eingeweiden der Erde Leben empfangen! Schau auf den Ozean! In wechselnden Strömungen flutet er auf und nieder. Sieh die Quellen! Sie rinnen aus nie versiegenden Adern. Betrachte die Flüsse! Rastlos gleiten sie stets ihren Gang dahin.

Was soll ich reden von der zweckmäßigen Verteilung der steilen Bergeshöhen, der wellenförmigen Hügel, der ebenen Gefilde? Was soll ich sagen von den mannigfaltigen Verteidigungswaffen der Tiere gegeneinander? Wie die einen mit Hörnern bewehrt, andere mit Zähnen, Klauen und Stacheln versehen, andere wieder durch die Schnelligkeit ihrer Füße oder durch die Schwungkraft ihrer Federn geschützt sind?

Vor allem bezeugt die Schönheit unserer eigenen Gestalt eine Gottheit als Urheber; die gerade Stellung, das aufwärts gerichtete Antlitz, die am höchsten Punkt wie auf einer Warte angebrachten Augen und alle übrigen (im Haupt) wie in einer Feste vereinigten Sinne.

Es wäre zu weitläufig, Punkt für Punkt durchzunehmen. Es gibt kein Glied am menschlichen Körper, das nicht des Bedürfnisses und des Schmuckes wegen vorhanden wäre. Besonders merkwürdig aber ist es, daß alle Menschen dieselbe Körperform haben und doch jeder einzelne wieder gewisse abweichende Züge. So besteht unter uns im Ganzen eine unverkennbare Ähnlichkeit und doch ist wieder einer dem anderen unähnlich.

Um ferner von der Art und Weise unserer Entstehung zu sprechen, ist nicht der Fortpflanzungstrieb eine göttliche Einrichtung, sowie auch daß die Brust bei Zeitigung der Frucht Milch gibt und der zarte Sprößling unter dem reichfließenden Tau derselben heranwächst?

Doch Gott sorgt nicht nur für das Ganze, sondern auch für die einzelnen Teile. Britannien hat Mangel an Sonnenwärme; aber dieser Mangel gleicht sich aus infolge der Lauheit des Meeres, von welchem es umschlossen wird. Die Trockenheit Ägyptens mäßigt der Nilstrom, der Euphrat hält Mesopotamien für den Regen schadlos und vom Indus sagt man, er besame zugleich und bewässere den Orient.

Wenn du in ein Haus kämest und sähest alles wohleingerichtet, geordnet und geschmückt, so würdest du doch jedenfalls glauben, daß ein Herr über dasselbe walte und viel vorzüglicher sei, als alle jene schönen Dinge. Da du nun bei Betrachtung des Himmels und der Erde eine weise Vorsicht, Ordnung und Gesetzmäßigkeit erkennst, so mußt du auch an die Existenz eines Herrn und Vaters des Universums glauben, der herrlicher ist als die Gestirne selbst und als die einzelnen Teile des Weltalls.

Freilich wirst du es vielleicht, weil über die Existenz einer Vorsehung kein Zweifel obwalten kann, doch noch für eine offene Frage halten, ob das himmlische Reich durch den Machtspruch eines einzigen oder nach dem Willen einer Mehrheit regiert werde. Doch ist es nicht schwer, demjenigen gegenüber die Frage zu erledigen, welcher mit denkendem Blick die irdischen Regierungsformen betrachtet, die jedenfalls ihr Urbild im Himmel haben. Wann hat jemals eine gemeinschaftliche Regierung ohne

Hintergedanken begonnen oder ohne Blutvergießen geendet? Ich will nicht von den Persern reden, welche die Herrschaft nach dem Wiehern der Rosse verlosten; ich schweige von dem Thebanerpaar[38], einem veralteten Märchen. Weltbekannt ist die Erzählung von der Ermordung des einen Zwillingsbruders wegen der Herrschaft über Hirten und eine Hütte. Die Kriege zwischen Schwiegersohn und Schwiegervater[39] überfluteten den ganzen Erdkreis und das Geschick eines so großen Reiches bot nicht Raum für zwei Herrscher.

Sieh weiter zu! Eine Königin haben die Bienen, einen Führer die Schaf- und Rinderherden – und du solltest glauben, daß im Himmel die höchste Würde geteilt, die Gesamtmacht jener wahren und göttlichen Herrschaft gespalten sei? Ist es doch offenbar, daß Gott, der Vater des Alls, weder einen Anfang habe noch ein Ende; er, der allen Dingen Dasein verleiht, sich selbst aber Unendlichkeit, der vor der Welt sich selbst eine Welt war, der alles, was da ist, durch sein Wort ins Leben ruft, durch seinen Geist ordnet, durch seine Kraft vervollkommnet.

Er kann nicht gesehen werden, denn sein Glanz ist zu hell für das Auge; noch betastet, denn er ist für die Berührung zu fein[40]; noch bemessen, denn er ist über die Sinne erhaben, unendlich, unermeßlich und allein fähig seine Größe zu erkennen. Uns aber ist, um ihn zu erfassen, das Haupt zu eng und deshalb schätzen wir ihn nur dann in würdiger Weise, wenn wir ihn unschätzbar nennen. Im Grunde genommen verkleinert der die Größe Gottes, der sie zu erkennen meint; wer sie nicht verkleinern will, vermißt

---

[38] Eteokles und Polynikes.
[39] Pompejus und Cæsar.
[40] Immateriell.

sich nicht, sie zu kennen.

Suche auch nach keinem Namen für Gott, „Gott" eben ist sein Name. Da nur ist eine Mehrheit von Worten nötig, wo eine Mehrheit von Einzelwesen durch besondere kennzeichnende Benennungen zu scheiden ist; Gott aber, der Einzige, hat das Wort „Gott" ungeteilt. Wenn ich ihn „Vater" nenne, so liegt der Begriff des Fleischlichen, wenn „König", so liegt der des Irdischen nahe, wenn „Herr", so faßt man ihn jedenfalls als sterbliches Wesen auf. Laß das Beiwerk der Namen, und du wirst ihn in seiner völligen Klarheit schauen.

Übrigens habe ich bezüglich dieser Auffassung die allgemeine Ansicht für mich. Ich horche auf das Volk. Wenn die Leute die Hände zum Himmel strecken, sagen sie bloß „Gott": „Gott ist groß", „Gott ist wahrhaftig", „so Gott will". Ist das die natürliche Ausdrucksweise des Volkes oder die Sprache eines bekennenden Christen?

Auch diejenigen, welche Jupiter als den Oberherrn ansehen, täuschen sich nur im Namen, über die Einheit des Regiments stimmen sie mit uns überein.

Ich höre auch die Dichter einen als Vater der Götter und Menschen verkünden[41] und sagen, der Sterblichen Sinn richte sich je nach dem Tag, welchen der Vater des Alls sende. Und Maro aus Mantua? Spricht er nicht noch offener, treffender und wahrer: „Von Anbeginn nährt den Himmel, die Erde und die übrigen Glieder der Welt der Geist drinnen und es bewegt sie der ihnen innewohnende Verstand; daher hat das Geschlecht der Menschen und Tiere und aller anderen Lebewesen seinen Ur-

---

[41] Ennius bei Cic. de nat. deor. 2, 2.

sprung?"[42] Derselbe Dichter nennt anderwärts jenen Verstand und Geist „Gott." Seine Worte sind:

Denn Gott durchdringe die Länder
Allzumal und die Strecken des Meers und die Höhen des Himmels.
Durch ihn werde der Mensch und das Tier, auch
Regen und Feuer.[43]

Wofür wird Gott auch von uns erklärt als für Verstand, Vernunft und Geist?

Mustern wir wenn es dir genehm ist, die Lehren der Philosophen und du wirst finden, daß sie, wenn auch in verschiedenen Wendungen, in der Tat doch sich alle zu dieser Ansicht einmütig bekennen. Ich will jene alten, naturwüchsigen Philosophen übergehen, welche sich durch ihre Aussprüche den Namen der Weisen erworben haben. Den Reigen mag Thales aus Milet eröffnen, welcher zuerst von allen über himmlische Dinge Untersuchungen angestellt hat. Dieser Thales sagte, der Urstoff der Dinge sei das Wasser, Gott aber sei der Geist, welcher alles aus dem Wasser gebildet habe. (Hier haben wir eine Lehre vom Wasser und Geist, zu tief und erhaben, als daß sie von einem Menschen hätte erfunden werden können; es ist dies eine göttliche Offenbarung).[44] Du siehst, die Ansicht des Vaters der Philosophie steht völlig im Einklang mit unserer.

Anaximenes sodann und später Diogenes aus Apollonia erklären die Luft für eine unendliche und unermeßliche Gottheit.

---

[42] Verg. Æn. 6, 724.
[43] Georg. 4, 221. Ff.
[44] Die Echtheit der Parenthese erscheint zweifelhaft.

Auch ihre Ansicht von Gott ist also eine ähnliche. Anaxagoras sieht in der Ordnung und Bewegung der Welt das Werk eines unendlichen Geistes, und dem Pythagoras ist Gott ein durch die ganze Natur gehendes und ausgebreitetes geistiges Wesen, aus dem auch alle beseelten Geschöpfe ihr Leben empfangen. Es ist bekannt, daß Xenophanes das endlose mit Verstand begabte All für Gott erklärt und daß Antisthenes sagt, es gebe viele Volksgötter, aber nur einen über jene erhabenen Naturgott, daß endlich Speusippus eine beseelte Kraft, durch welche alles geleitet werde, als Gott kennt. Demokritus ferner, wiewohl der Erfinder der Atomistik, spricht er nicht sehr häufig von einem Naturprinzip, welches Gebilde aus sich hervorgehen lasse, und von der Vernunft als einer Gottheit? Auch Straton nimmt ein Naturprinzip (als Gott) an. Selbst Epikur, welcher die Alternative aufstellt, die Götter seien entweder müßig oder gar nicht, setzt doch ein Naturprinzip über sie. Aristoteles wechselt in seinen Ansichten, doch bezeugt er eine einheitliche Gewalt; denn bald nennt er den Geist, bald die Welt Gott, bald setzt er einen Gott über die Welt. Heraklides aus Heraklea am Pontus legt der Welt ebenfalls eine göttliche Geisteskraft bei, wenn auch in wechselndem Sinne. Auch Theophrastus bleibt sich nicht gleich, indem er bald der Welt, bald dem göttlichen Geist die erste Stelle einräumt. Zeno, Chrysippus und Kleanthes wechseln gleichfalls öfter ihre Anschauungen, aber alle drei kommen schließlich auf eine Vorsehung zurück. So nannte Kleanthes bald den Verstand, bald den Geist, bald den Äther, meistens aber die Vernunft „Gott“. Sein Lehrer Zeno stellt bald das natürliche, göttliche Gesetz, bald den Äther, bisweilen auch die Vernunft als den Ursprung aller Dinge hin. Ebendieser geht dadurch, daß er die Juno als Luft, den

Jupiter als Himmel, den Neptun als Meer, den Vulcan als Feuer auffaßt und auch die übrigen Volksgötter als Naturbestandteile nachweist, dem irrigen Volksglauben mit schlagenden Gegengründen hart zu Leibe. Fast ebenso verfährt Chrysippus. Er sieht eine göttliche Kraft in der vernunftbegabten Natur und in der Welt; bisweilen hält er auch das zwingende Verhängnis für Gott und ahmt dem Zeno nach in der physiologischen Erklärungsweise der Gedichte des Hesiod, Homer und Orpheus. Auch dem Diogenes aus Babylon ist die Methode allegorischer Erörterung eigen; er sagt, die Geburt Jupiters, die Entstehung Minervas usw. seien Bezeichnungen für sachliche (kosmische) Vorgänge, nicht für Götter. Der Sokratiker Xenophon vollends sagt, die Gestalt des wahren Gottes könne nicht mit den Augen wahrgenommen und sollte deswegen nicht erforscht werden[45]; der Stoiker Ariston, sie könne überhaupt nicht begriffen werden. Beide fühlten die Majestät Gottes, indem sie an der Möglichkeit zweifelten, ihn zu erkennen. Plato ist klarer in seiner Darstellung über Gott, bezüglich der Sachen wie der Namen. Sie wäre ganz und gar himmlisch, wenn sie nicht manchmal durch beigemengten Schmutz des Volkswahnes entstellt wäre. Bei Plato nun ist im Timæus Gott unter seinem eigenen Namen Vater des Alls, Bildner der Seele, Schöpfer der himmlischen und irdischen Welt, dessen Begriff zu finden, wie er im Anfang sagt, wegen seiner übergroßen und unglaublichen Macht schwer, dessen Wesen aber öffentlich darzulegen unmöglich sei, auch wenn man es begriffen hat.[46]

Das ist so ziemlich auch unsere Ansicht. Denn wir kennen Gott

---

[45] Memor. 4, 3, 13.
[46] Plat. Tim. 28.

und nennen ihn Vater aller Dinge, sprechen aber doch nicht laut und öffentlich von ihm, wir müßten denn gefragt werden.

Ich habe die Ansichten fast aller Philosophen von einigem Ruf dargelegt und nachgewiesen, daß sie trotz der Vielheit der Bezeichnungen doch nur einen Gott im Sinn hatten, sodaß es jedem scheinen muß, entweder seien jetzt die Christen Philosophen oder die Philosophen seien schon damals Christen gewesen.

Wenn nun aber die Welt durch eine Vorsehung geleitet und durch den Wink eines Gottes regiert wird, so darf nicht das ungebildete Altertum, das an seinen Märchen Vergnügen fand oder darin befangen war, uns zu seinen irrigen Meinungen hinüberziehen, da es durch die Urteile seiner eigenen Philosophen widerlegt wird, denen außer der Autorität des Alters auch die der Vernunft zur Seite steht. Unsere Vorfahren schenkten lügenhaften Berichten so williges Gehör, daß sie blindlings an ungeheuerliche Wunderdinge glaubten, wie an die vielgestaltige Skylla und Chimæra, an die aus fruchtbaren Wunden immer neu hervorwachsende Hydra, an die Zentauren, d. i. Pferde, die mit ihren Reitern ein Ganzes bilden: kurz, was auch die Sage erdichten mag, sie hörten es gern an. Und nun gar jene Ammenmärchen, wonach aus Menschen Vögel und wilde Tiere aller Art, auch Bäume und Blumen geworden sein sollen! Wäre dergleichen geschehen, so geschähe es noch; weil es aber nicht geschehen kann, ist es auch nicht geschehen. Ähnlich aber haben unsere Voreltern auch bezüglich der Götter in naiver Einfalt einem gedankenlosen Aberglauben gehuldigt. Während sie ihre Könige mit heiliger Scheu verehrten, nach ihrem Tode das Bedürfnis fühlten, sie in Bildern vor Augen zu haben und ihr Gedächtnis in Statuen festzuhalten strebten, wurde zum Heiligtum, was (ursprünglich) nur als Trostmittel gedient hatte. So verehrte, bevor der Erdkreis sich dem Verkehr erschloß und bevor die Völker ihre Gebräuche und Sitten vermengten, jeder Stamm seinen Stifter, seinen ruhmreichen Führer, seine tugendhafte, mehr als weiblichen Mut zeigende Königin oder den Erfinder irgendeiner Gabe oder Kunst als einen Bürger von gesegnetem Andenken. Auf diese Weise ward den Verstorbenen eine Belohnung und den künftigen Geschlechtern ein Vorbild.

Lies historische oder philosophische Werke, und du wirst zu der gleichen Überzeugung wie ich kommen. Euhemerus[47] führt Personen an, die sich durch Tapferkeit oder Wohltätigkeit göttliche Ehren verdienten, zählt ihre Geburtstage, ihre Geburtsstätten und ihre Gräber auf und weist sie Land für Land nach; so vom dictäischen Jupiter, vom delphischen Apollo, von der pharischen Isis, von der eleusinischen Ceres. Prodikus[48] erklärt, es seien diejenigen zu Göttern gemacht worden, welche auf ihren Irrfahrten neue Früchte aufgefunden und den Menschen dadurch Nutzen geschafft haben. Zu derselben Ansicht gelangt auf philosophischem Wege auch Persäus[49] und führt außerdem die neuentdeckten Früchte und ihre Entdecker unter den gleichen Namen an, ähnlich wie es in der Komödie heißt: Venus verkümmert ohne Bacchus und Ceres.[50] Alexander der Große von Makedonien berichtet in einem berühmten Schriftstück an seine Mutter, daß die Furcht vor seiner Macht einem Priester das Geheimnis von der menschlichen Natur der Götter ausgepreßt

---

[47] Anhänger der kyrenäischen Schule, Freund Kassanders von Makedonien.
[48] Sophist zur Zeit des Sokrates.
[49] Schüler des Stoikers Zeno.
[50] Ter. Eun. 4, 5, 6.

habe. Er sagt darin, Vulcan sei der Erste von allen gewesen und dann sei das Geschlecht Jupiters gekommen.[51] – Den Saturnus, den Urahnen dieses Stammes und Schwarmes, haben denn auch alle griechischen und römischen Altertumsforscher als einen Menschen dargestellt. Es wissen dies Nepos und Cassius in ihrer Geschichte Thallus und Diodorus[52] sprechen sich dahin aus. Dieser Saturnus nun war aus Kreta geflohen und aus Furcht vor seinem wutentbrannten Sohn nach Italien gekommen. Von Janus gastfreundlich aufgenommen lehrte er, der feingebildete Grieche, jenes unwissende Bauernvolk gar mancherlei: Schreiben, Münzen prägen, Werkzeuge verfertigen. Weil er nun hier ein sicheres Versteck[53] gefunden hatte, so gab er dem Land einen neuen Namen und hieß es Latium, und er hinterließ nach seinem Namen die Stadt Saturnia, Janus aber das Janiculum der Nach-welt zum Gedächtnis.[54] Jedenfalls also war es ein Mensch, welcher floh und ein Versteck suchte, und sowohl der Vater als der Sohn eines Menschen. Denn für den Sohn der Erde und des Himmels[55] galt er nur deswegen, weil man bei den Italern seine Eltern nicht kannte, wie wir bis zum heutigen Tag von Leuten, die plötzlich vor unseren Augen stehen, sagen, sie seien vom Himmel gefallen und Menschen von niedriger und dunkler Herkunft Erdensöhne

---

[51] Nach Augustinus (civ. Dei 8, 5; 27) hieß der in diesem apokryphen Brief Alexanders erwähnte ägyptische Priester Leon.

[52] Cassius Hemina, ein römischer Historiker, lebte zur Zeit des 3. punischen Krieges; Thallus, Verfasser einer syrischen Geschichte, war ein jüngerer Zeit-genosse des ersteren; Diod. Sic. 3, 61.

[53] Latebra.

[54] Verg. Æn. 8, 321 ff.; 357. Der Capitolinus hieß früher Satumius. Dionys. Halic. 1, 34.

[55] Der Gaia und des Uranos.

nennen. Sein Sohn Jupiter regierte nach Verjagung seines Vaters zu Kreta, starb daselbst und hatte Söhne daselbst. Bis zum heutigen Tag wird die Grotte Jupiters besucht und sein Grab gezeigt[56], und er wird (somit) durch die eigenen Heiligtümer der menschlichen Natur überwiesen.

Es ist überflüssig, die Götter einzeln durchzunehmen und ihren ganzen Stammbaum zu entwickeln, da die an den Ureltern nachgewiesene Sterblichkeit nach regelrechter Erbschaftsfolge auch auf die übrigen sich fortgepflanzt hat. – Aber freilich, ihr gebt vielleicht vor, die Gottesnatur sei erst nach dem Tode eingetreten, wie Romulus durch den falschen Eid des Proculus[57] und Juba durch den Beschluß der Mauren[58] zum Gott wurde und auch andere Könige[59] für göttlich gelten. Doch sie erhalten religiöse Weihen, nicht um wirklich die Geltung einer Gottheit zu erlangen, sondern nur um für ihre beendigte Regierung geehrt zu werden. Ja sie erhalten diesen Titel[60] gegen ihren Wunsch; sie möchten gern Menschen bleiben, fürchten sich davor, Götter zu werden[61], und wollen dies auch als Greise nicht.

Aus Gestorbenen also werden keine Götter, weil ein Gott nicht sterben kann; aber auch aus Geborenen nicht; denn alles, was geboren wird, stirbt auch; göttlich aber ist nur das, was weder einen Anfang noch ein Ende hat. Wenn Götter (einmal) geboren

---

[56] Cic. nat. deor. 3, 21.

[57] Liv. 1, 16.

[58] Juba der Jüngere erhielt Mauretanien von den Römern als Geschenk.

[59] Minucius hat hier wohl vornehmlich die römischen Kaiser im Sinn, schreibt aber etwas vorsichtig „ceteri reges"; Lactantias bedient sich an der entsprechenden Stelle Instit. 1, 15 offen des Wortes „Cæsares."

[60] „Divus."

[61] Suet. Vesp.

wurden, warum werden deren nicht noch heute geboren? Aber Jupiter ist eben vielleicht schon altersschwach, Juno bereits unfähig zu gebären und Minerva, ehe sie noch geboren, zur Greisin geworden. Oder hörte etwa jene Zeugungskraft deshalb auf, weil dergleichen Märlein keinen Glauben mehr finden?

Wenn übrigens (wirklich) die Götter wohl ihr Geschlecht fortpflanzen, nicht aber untergehen könnten, so hätten wir mehr Götter, als die Gesamtzahl der Menschen beträgt, sodaß sie weder der Himmel umschließen könnte, noch der Luftraum fassen, noch die Erde tragen.

Aus dem Gesagten geht also klar hervor, daß diejenigen, von deren Geburt wir lesen, von deren Tod wir wissen, Menschen gewesen sind. (. . .) und von den Ähren der Isis zu der Schwalbe, der Klapper und zu dem Grabhügel deines Serapis oder Osiris, der infolge der Zerstreuung der Gliedmaßen leersteht.[62]

Betrachte endlich die heiligen Gebräuche und Mysterien selbst, und du wirst auf klägliche Lebensausgänge, auf Todesfälle, Leichenbegängnisse, Trauerzeremonien und Leichenklagen der armen Götter stoßen. Isis beklagt und sucht mit ihrem hundsköpfigen Anubis und den kahlköpfigen Priestern ihren verlorengegangenen Sohn.[63] Die armen Isisverehrer zerschlagen sich die Brust und ahmen den Schmerz der unglücklichen Mutter nach.

---

[62] Eine unheilbar verderbte Stelle. Ähren, Schwalben und Klappern gehörten zu den Symbolen des Isiskultes.

[63] Die Sage von Isis und Osiris ist nicht konsequent. Bald ist es der von Typhon ermordete Gemahl, den Isis sucht, bald ihr Sohn Horus oder Harpokrates. Beim Aufsuchen derselben wird sie von ihren glattgeschorenen Priestern und dem hundsköpfigen Anubis unterstützt. Juven. sat. 6, 533 f.; 8, 29 f.; Firm. Mat. 2, 2 f.

Dann, wenn der Kleine gefunden ist, freut sich Isis, frohlocken die Priester und brüstet sich der hundsköpfige Finder, und sie hören nicht auf, in jedem Jahr wieder zu verlieren, was sie finden, und zu finden, was sie verlieren. Ist es nicht eine Lächerlichkeit, zu betrauern, was man göttlich verehrt, oder göttlich zu verehren, was man betrauert? Und doch ist dieser zuvor ägyptische Kult jetzt auch in Rom heimisch. Ceres, von brennenden Fackeln und Schlangen umgeben, irrt umher und sucht ihre geraubte und entehrte Tochter Libera voll Angst und Bekümmernis. Das sind die eleusinischen Mysterien. Und welches sind die Jupiters? Eine Ziege ist seine Amme; dem gierigen Vater wird das Kind entzogen, um nicht verschlungen zu werden, und die Korybanten schlagen auf eherne Becken, daß es klirrt, damit der Vater das Weinen des Kindes nicht höre.[64]

Von den Dindymamysterien der Göttin Kybele schämt man sich zu sprechen. Sie verstümmelte ihren Buhlen, der ihr unglücklicher Weise gefiel, den sie aber, weil sie selbst eine häßliche Alte war – war sie ja doch die Mutter vieler Götter –, nicht verführen konnte. Natürlich! Man mußte doch auch einen Verschnittenen unter den Göttern haben! Aufgrund dieses Märchens verehren sie die Gallier und Halbmänner durch Verstümmlung ihres Körpers.[65] Das sind keine heiligen Gebräuche mehr, das sind Foltern.

Bekunden überdies nicht schon die eigenen Gestalten und Körperzustände eurer Götter ihre Lächerlichkeit und Schmach? Vulcan ist ein lahmer und gebrechlicher Gott, Apollo hat trotz

---

[64] Ovid. Fast. 4, 493 ff.; 207 ff.
[65] Ebend. 223 ff.

der vielen verlebten Jahrhunderte noch keinen Bart, Æskulap einen gar stattlichen, wiewohl er der Sohn des ewig jungen Apollo ist. Neptun hat graugrüne, Minerva hellblaue Augen[66], Juno die eines Rindes, Merkur hat beflügelte, Pan behufte, Saturn gefesselte Füße, Janus vollends hat zwei Stirnen, als könne er auch rückwärts gehen. Diana ist bisweilen eine hochgeschürzte Jägerin, die zu Ephesus ist mit einer Fülle von Brüsten und Zitzen ausgestattet, Diana Trivia mit ihren drei Köpfen und vielen Händen bietet einen schauerliehen Anblick.[67] Und euer Jupiter selbst? Bald sind seine Statuen bartlos, bald bärtig; wenn er Hammon genannt wird, hat er Hörner, wenn Capitolinus führt er Blitze; wenn Latiaris, wird er Blut übergossen, wenn Feretrius, wird er mit der Hand geschleudert.[68] Um nicht zu lang von den vielen Jupitern zu reden: Es gibt ebenso viele ungeheuerliche Bilder von Jupiter als Namen.

Erigone erhängte sich an einem Strick, damit eine „Jungfrau" unter den leuchtenden Gestirnen sei[69]; Castor und Pollux sterben wechselweise, um dann wieder zu leben[70]; Æskulap wird vom

---

[66] Cic. nat. deor. 1, 30.; 3, 34.

[67] Verg. Æn. 4, 511.

[68] Der Altar des Jupiter Latiaris wurde In den feriæ latinæ mit dem Blut eines Verbrechers benetzt. Im Tempel des Jupiter Feretrius wurde ein Stein aufbewahrt, den die Fetialen bei Beschwörung von Verträgen aus der Hand schleuderten, um dadurch das eigene Schicksal im Fall des Vertragsbruches symbolisch anzudeuten. Dieser Stein wurde unter dem Namen Jupiter Lapis auch als eine Erscheinungsform des höchsten Gottes aufgefaßt.

[69] Erigone, Tochter des Ikarius, erhängte sich über dem Grab ihres Vaters und wurde als „Jungfrau" unter die Sterne versetzt.

[70] Hom. Od. 11, 303 f.

Blitz getroffen, um als Gott wieder aufzustehen[71]; Herkules wird auf dem Œta eine Beute der Flammen, um den Menschen abzustreifen.

Diese Fabeln und Irrtümer lernen wir von unverständigen Eltern; ja was noch schlimmer ist, sie bilden sogar den Stoff unserer eigenen Studien und wissenschaftlichen Ausbildung, besonders beim Lesen der Dichter, welche der Wahrheit durch ihren Einfluß außerordentlichen Eintrag tun.

Plato tat deshalb sehr wohl daran, jenen hochgepriesenen und gekrönten Homer aus seinem „Staat", welchen er im Dialog aufbaute, zu verbannen. Denn dieser besonders hat im Trojanischen Krieg eure Götter, obwohl er nur seinen Scherz mit ihnen treibt, in das menschliche Tun und Treiben gemengt. Er stellt sie paarweise zusammen, läßt die Venus verwunden, den Mars fesseln, blessieren und in die Flucht treiben. Er erzählt, Jupiter sei durch Briareus der Gefahr entrissen worden, von den übrigen Göttern gebunden zu werden; er habe über seinen Sohn Sarpedon, weil er ihn dem Tode nicht entreißen konnte, einen blutigen Tränenstrom vergossen und habe, durch den Gürtel der Venus bezaubert, mit größerer Leidenschaft, als ihn gewöhnlich gegen seine Buhlerinnen erfüllte, seine Gemahlin Juno umarmt.[72] Anderswo schafft Herkules den Mist aus dem Stall und weidet Apollo dem Admetus sein Vieh.[73] Dem Laomedon aber baut Neptun Mauern, und der arme Maurer erhält keinen Lohn für seine Arbeit.[74] Dort wird Jupiters Donnerkeil zugleich mit den Waffen des Æneas auf

---

[71] Ovid. Fast. 6, 759 ff.
[72] Hom. Il. 20, 67 ff.
[73] Eurip. Alcestis 8.
[74] Hom. 21, 443 ff.

dem Amboß geschmiedet[75], während doch Himmel und Donner-
keile und Blitze schon lange vorher existierten, ehe Jupiter in
Kreta geboren wurde, und der Zyklop die Flammen des wirklichen
Blitzes so wenig nachbilden konnte, als Jupiter selbst sich der
Furcht davor zu entschlagen vermochte. Was soll ich von dem
entdeckten Ehebruch des Mars und der Venus sagen[76] und von
Jupiters Buhlschaft mit Ganymedes[77], die durch den Himmel
eine heilige Weihe erhielt? Alle diese Geschichten haben nur den
Zweck, für menschliche Laster eine gewisse Autorität zu schaffen.

Durch solche und ähnliche nur zu einschmeichelnde Dichtungen und Lügen wird der Geist der Knaben vergiftet; unter
dem unverlöschlichen Eindruck derselben Fabeln wachsen sie zur
Höhe der Manneskraft heran; unter denselben Vorstellungen
werden die Armen zu Greisen: und doch liegt die Wahrheit so
nahe! Freilich nur für solche, die sie suchen.

Es unterliegt somit keinem Zweifel, daß es Menschen waren,
deren geweihte Bildnisse das Volk anbetet und öffentlich verehrt,
indem der Sinn der Unverständigen durch die künstlerische
Vollendung getäuscht, durch das Blitzen des Goldes geblendet,
durch den Glanz des Silbers und die strahlende Weiße des Elfen-
beins betört wird. Wenn aber einer bedenkt, durch welche Mar-
terinstrumente und welches Rüstzeug jede Bildsäule geformt
wird, der wird darüber erröten, daß er einen Stoff fürchtet, den
der Künstler mißhandelt, um einen Gott daraus zu bilden. Denn
der hölzerne Gott[78], vielleicht ein Stück von einem Scheiter-

---

[75] Verg. Æn. 8, 424 ff.
[76] Od. 8, 266 ff.
[77] Il. 20, 231 ff.; Ovid. Met 10, 155 ff.
[78] Jes. 44, 12 ff.

haufen oder Marterpfahl, wird aufgehangen, zugehauen, gezimmert und gehobelt; der eherne oder silberne wird aus einem unsauberen Gefäß – wie das ein ägyptischer König wirklich getan haben soll[79] – geschmolzen, mit Hämmern geschlagen und auf Ambossen in die rechte Form gebracht; der steinerne wird zugehauen, gemeißelt, von einem elenden Wicht geglättet – und fühlt die Schmach seiner Entehrung so wenig, als später die Ehre, die ihm durch eure Anbetung zuteil wird.

Aber vielleicht ist eben der Stein, das Holz, das Silber noch kein Gott. – Wann also tritt dieser ins Dasein? Er wird gegossen, geschmiedet, gemeißelt: noch ist es kein Gott. Er wird verbleit, zusammengesetzt, aufgerichtet: es ist noch immer kein Gott. Er wird geschmückt, geweiht, angebetet: jetzt endlich ist es ein Gott, nachdem der Mensch ihm diese Bestimmung gegeben und ihn dazu geweiht hat.

Um wieviel richtiger urteilen über eure Götter stumme Tiere infolge ihres natürlichen Instinktes! Mäuse, Schwalben und Geier wissen recht wohl, daß dieselben keine Empfindung haben. Sie nagen sie an, treten sie mit Füßen, setzen sich auf sie, und wenn ihr sie nicht verjagt, so nisten sie gar in dem Mund eures Gottes. Die Spinnen vollends überweben sein Gesicht und hängen ihre Fäden just am Haupte auf. Ihr müßt sie abwischen, reinigen, abschaben, und doch habt ihr Furcht vor denen, welchen ihr Dasein und Schutz verleiht. Es denkt eben keiner von euch daran, daß er doch einen Gott eher kennen, als verehren sollte; man bestrebt sich, den Eltern gedankenlos nachzubeten, man will lieber einem fremden Irrtum beitreten, als sich selbst Glauben

---

[79] Amasis; vgl. Herodot 2, 172.

schenken, man hat keinen Begriff von dem, was man fürchtet. So ist in dem (zu Götterbildern verwendeten) Gold und Silber die Habsucht geheiligt, so die Form gehaltloser Statuen zu Geltung gelangt, so der römische Aberglaube entstanden.

Wenn man aber die römischen Gebräuche mustert, wieviel Lächerliches, wieviel geradezu Bedauerliches findet sich darin! Mitten im Winter laufen die Leute nackt herum[80]; andere kommen mit Filzhüten daher, tragen alte Schilder herum, trommeln auf Tierfellen und führen bettelnd ihre Götter von Straße zu Straße.[81] Manche Tempel darf man nur einmal des Jahres besuchen, manche gar nicht[82]; in manche darf kein Mann gehen, zu manchen gottesdienstlichen Gebräuchen ist den Frauen der Zutritt verwehrt[83]; auch für Sklaven ist es eine schwere Sünde, manchen Zeremonien beizuwohnen.[84] Manche Heiligtümer bekränzt eine Frau die nur einen Mann hat[85], andere eine Frau vieler Männer, und mit heiligem Ernst wird die größte Sünderin herausgesucht. Wer ferner mit seinem Blut Trankopfer darbringt

---

[80] An den Lupercalien, die am 15. Februar stattfanden. Ovid. Fast 2, 267 f.; 283 f.

[81] Die Salier (Liv. 1, 20, 4) und die Priester der Kybele (Ovid. Fast 4, 213; Lukret. 2, 618; 627).

[82] In den Tempel der arkadischen Persephone durften die Männer nur einmal des Jahres eintreten; der Tempel der thebanischen Dindymene war überhaupt nur einmal im Jahr zugänglich; der Tempel des Poseidon in Mantinea war immer geschlossen. Pausan. 8, 31, 8; 9, 25, 3; 8, 5, 5.

[83] Am Gottesdienst der Bona Dea, der Vesta und der Ceres von Catana durfte kein Mann (Lact. Inst. 3, 20.), an dem des Herkules keine Frau teilnehmen. Gell. 11, 6; Macrob. Sat 1, 12.

[84] Liv. 9, 29; Ovid. Fast. 6, 481; 551.

[85] So die Statue der Fortuna muliebris.

und durch seine Wunden Gnade sucht[86]: wäre der nicht besser gottlos als in solcher Weise gottesfürchtig? Oder wer sich mit einer Scherbe hat entmannen lassen, wie verletzt der die Gottheit, wenn er so sie versöhnt?[87] Wollte die Gottheit Verstümmelte, sie könnte dieselben ja schaffen, statt sie erst künstlich zu machen.

Wer sollte nicht einsehen, daß nur die Unvernunft und der Wahnwitz auf solche Tollheiten kommen kann und daß nur die große Zahl der Irrenden sich gegenseitig Schutz gewährt? Hier liegt in der Menge der Wahnsinnigen eine Entschuldigung für den gemeinsamen Wahnsinn.

„Aber eben dieser religiöse Eifer verschaffte, vergrößerte und befestigte den Römern ihre Herrschaft, während sie sich mehr noch durch Religiosität und Frömmigkeit, als durch Tapferkeit hervortaten." – Ei freilich! Die berühmte Gerechtigkeitsliebe der Römer hat gleich damals ihre Erstlingsprobe abgelegt, als das werdende Reich noch in der Wiege lag. Ist das römische Volk nicht schon bei seiner Entstehung durch Verbrechen zusammengeführt und durch den Schrecken seiner Unmenschlichkeit geschützt herangewachsen? Der Grundstock des Volkes wurde ja durch die Errichtung einer Freistätte gesammelt. Es waren verworfene, gewalttätige Menschen, Blutschänder, Banditen und Hochverräter zusammengeströmt; und damit Romulus selbst, ihr Herr und Meister, vor seinem Volk an Gewalttätigkeit etwas voraus habe, beging er einen Brudermord. – Das sind die ersten Weihen dieses gottesfürchtigen Volkes. – Bald darauf raubten, vergewaltigten, entehrten diese Leute – ein beispielloses Verfah-

---

[86] Die Priester der Bellona zerfleischten sich beim Gottesdienst die Arme; auch die der Kybele verwundeten sich. Lucan. 1, 565 ff.; Tibull. 1, 6, 45 ff.
[87] Plin. Hist. Nat. 35, 165; Juven. 6, 512 ff.

ren!⁸⁸ – fremde Jungfrauen, die schon verlobt, schon Bräute waren, ja auch einige Ehefrauen, begannen mit deren Vätern, also mit den eigenen Schwiegervätern, einen Krieg und vergossen das Blut von Verwandten. Was ist gottloser, was frecher, was eben wegen der Dreistigkeit des Frevels schimpflicher? Sodann die Nachbarn aus ihrem Gebiet zu verjagen, die angrenzenden Städte samt ihren Tempeln und Altären zu zerstören, die Gefangenen (in Rom) zusammenzutreiben, durch fremden Verlust und eignes Verbrechen sich Zuwachs zu verschaffen – dieses System haben die übrigen Könige und die Feldherrn der Folgezeit mit Romulus gemein.

So ist alles, was die Römer fest- und werthalten, ein Lohn der Dreistigkeit. Alle Tempel haben ihren Ursprung von der Kriegsbeute, d. i. vom Ruin der Städte, vom geraubten Eigentum der Götter, vom vergossenen Blut der Priester.

Heiligtümern Huldigung und Anbetung zu widmen, die man vorher besiegt und nach der Besiegung in die Knechtschaft fortgeführt hat, das heißt sie verhöhnen und beschimpfen. Denn wenn man anbetet, was man gewaltsam erbeutet hat, so heißt dies einen Tempelraub, nicht Gottheiten weihen. Die Römer haben also ebensooft am Heiligen gefrevelt, als triumphiert, und haben ebensooft Raub an den Göttern verübt, als den Völkern Siegeszeichen abgenommen. So sind sie denn nicht deshalb so mächtig, weil sie gottesfürchtig sind, sondern weil sie ungestraft am Heiligen freveln durften. Konnten sie doch während der Kriege selbst den Beistand der Götter nicht haben, gegen welche sie die Waffen ergriffen und welche sie erst zu verehren begannen,

---

⁸⁸ Verg. Æn. 8, 635.

nachdem sie über dieselben triumphiert. Was können aber Götter für die Römer wirken, welche gegen die Waffen der Römer für ihre Verehrer nichts vermocht haben?

Die ureigenen Götter der Römer aber kennen wir: Romulus, Picus[89], Tiberinus[90], Consus, Pilumnus und Volumnus.[91] Tatius erfand und verehrte die Cloacina, Hostilius den Pavor und Pallor[92]; später wurde, ich weiß nicht von wem, Febris[93] zur Göttin geweiht. Das sind urrömische Kultgegenstände: Krankheiten und Schwächen. Sind ja auch Acca Larentia[94] und Flora[95], zwei verrufene Dirnen, unter die Krankheiten und – Gottheiten der Römer zu zählen.

Diese Götter natürlich haben den anderen gegenüber, welche bei den (einzelnen) Völkern verehrt wurden, die römische Herrschaft ausgedehnt. Denn der thrakische Mars[96], der kretische Jupiter, Juno, die bald zu Argos, bald zu Samos, bald im Punier-lande[97] zu Hause sein soll, die taurische Diana[98], die idäische Mutter[99] oder jene ägyptischen – nicht Gottheiten, sondern Ungeheuer[100] haben die Römer (doch wohl) nicht gegen ihre eige-

---

[89] Ovid. Met. 14, 320; Verg. Æn. 7, 48.

[90] Liv. 1,9.

[91] Hausgötter, die über die Sicherheit und das Gedeihen der Kinder wachen sollten. August. civ. Dei 4, 21; 6, 9.

[92] Liv. I, 27, 7.

[93] Cic. Nat. deor. 3, 25.

[94] Liv. I, 4, 7.

[95] Ovid. Fast 5, 195 ff.

[96] Verg. Æn. 12, 331 ff.

[97] Ebend. I, 15 ff.

[98] Ovid. Trist 4, 4, 63.

[99] Ovid. Fast. 4, 179 ff.

[100] Juven. 15, 1 f.

nen Leute unterstützt.

Doch vielleicht ist eben bei den Römern die Reinheit der heiligen Jungfrauen größer, die Frömmigkeit der Priester makelloser gewesen. – Aber fast die Mehrzahl der Vestalinnen wurde, weil sie sich zu unvorsichtig mit Männern vergingen – freilich ohne daß es Vesta gemerkt hätte – wegen sträflichen Wandels gezüchtigt[101], die übrigen aber blieben ungestraft, nicht weil ihre Tugend besser gewahrt, sondern weil ihre Fehltritte mehr vom Glück begünstigt waren. Wo aber wird mehr als zwischen Altären und Tempeln und in den Zellen der Tempelhüter dem Laster gefrönt und Vorschub geleistet?[102]

Übrigens waren nach dem göttlichen Plan auch die Assyrer, Meder, Perser, Griechen und Ägypter schon vor den Römern lange im Besitz von Herrschaften, obwohl sie keine Pontifiken, Arvalen, Salier, Vestalinnen und Auguren hatten, noch auch in Käfige gesperrte Hühner, um nach deren Lust oder Unlust zum Fressen hohe Politik zu treiben.

Da komme ich auf die römische Kunst der Vogeldeuterei, welche mit der größten Mühe zusammengestellt wurde und deren Vernachlässigung nach deiner Versicherung Schaden, deren Beobachtung Glück gebracht haben soll. Ach freilich! Claudius, Flaminius und Junius haben nur deshalb ihre Heere ins Verderben geführt, weil sie den heilverkündenden Fraß der Hühner nicht abwarten wollten. Nun, und Regulus? Beobachtete er nicht die Auspizien und geriet trotzdem in Gefangenschaft? Manci-

---

[101] Herodian. 4, 6.
[102] Juven.6, 489; 9, 24.

nus[103] hielt treu am religiösen Brauch und – wurde unter das Joch geschickt und ausgeliefert. Auch Paulus hatte freßlustige Hühner, und dennoch wurde er bei Cannæ mit dem größten Teil des römischen Volkes dahingestreckt. Caius Cæsar mißachtete die Augurien und Auspizien, welche ihn abzuhalten suchten, vor dem Winter Schiffe nach Afrika zu schicken: desto leichter wurde ihm Überfahrt und Sieg.[104]

Welche Form und welches Maß für meine Ausdrücke soll ich erst bei Besprechung der Orakelsprüche wählen? Amphiaraus verkündete nach seinem Tode die kommenden Ereignisse, er, der nicht wußte, daß er von seiner Frau um ein Halsband werde verraten werden. Der blinde Tiresias sah in die Zukunft, während er Gegenwärtiges nicht sehen konnte. Der auf Pyrrhus bezügliche Orakelspruch des pythischen Apollo ist eine Erdichtung des Ennius; hatte doch Apollo damals schon aufgehört in Versen zu sprechen.[105] Dieses schlaue und doppelsinnige Orakel geriet in Verfall zu der Zeit, wo in der Welt die Bildung wuchs und der Aberglaube abnahm; und Demosthenes, dem die Fälschung der Orakelsprüche bekannt war, klagte darüber, daß die Pythia „die Sprache Philipps rede."[106]

„Aber bisweilen trafen doch Auspizien oder Orakel das Richtige." – Es liegt zwar nicht außer dem Bereich der Möglichkeit, daß auch der reine Zufall unter einer Menge unwahrer Voraus-

---

[103] Hostilius Mancinus hatte den Numantinern gegenüber kapituliert. Der geschlossene Vertrag wurde aber vom römischen Senat nicht anerkannt und Mancinus an die Feinde ausgeliefert. Val. Max. 1, 6, 7; Vell. Pat. 2, 90, 3.

[104] Cic divin. 2, 24.

[105] Ebend. 56.

[106] Cic. divin. 2, 57.

sagungen (bisweilen) den Anschein der Planmäßigkeit gewonnen haben mag: doch ich will versuchen, die eigentliche Quelle geistiger und sittlicher Verirrungen, welcher all jener finstere Dunst entquoll, tiefer zu ergründen und in klareres Licht zu setzen.

Es gibt unreine, unstete Geister, deren (ursprüngliche) göttliche Kraft durch irdische Verunreinigungen und Begierden herabgedrückt ist. Nachdem diese Geister die Einfachheit ihrer Substanz durch die Last und den Schmutz ihrer Fehltritte eingebüßt haben, hören sie, um sich ihr Unglück erträglicher zu machen, nicht auf, auch andere in ihr Verderben hineinzuziehen, auch auf andere ihre sündhafte Betörung zu übertragen, auch andere durch Verbreitung falscher Religionen zu Genossen ihrer Gottentfremdung zu machen. Die Dichter kennen diese Geister als Dämonen[107], die Philosophen handeln davon, auch Sokrates ist sich klar darüber, welcher nach dem Gutdünken eines ihn begleitenden Dämons Geschäfte entweder mied oder suchte.[108] Auch die Magier kennen nicht nur die Dämonen, sondern verrichten auch all ihr wunderliches Gaukelwerk durch sie; zufolge ihrer Eingebungen und Einflüsse machen sie ihre Zauberkünste und bewirken, daß man Nichtwirkliches sieht oder Wirkliches nicht sieht. Der erste unter diesen Magiern in Wort und Werk, Hostanes[109], zollt dem wahren Gott die gebührende Ehre und weiß, daß die Engel, d. i. die Diener und Boten Gottes, seinen Thron umgeben und in heiliger Verehrung ihm zur Seite stehen, sodaß sie schon vor dem Wink und der Miene ihres Herrn erschrocken beben. Dieser Hostanes hat auch die Dämonen als

---

[107] Hesiod. op. 122 ff.
[108] Plat Apol. 19.
[109] Der Vater der Magier, Zeitgenosse des Xerxes. Vgl. Plin. Hist. nat. 30, 1, 8.

irdische, unstete, menschenfeindliche Wesen bezeichnet. Auch Plato, der es für schwierig hielt, den Begriff Gottes zu finden, erzählt er nicht ohne Schwierigkeit von Engeln und Dämonen? Versucht er nicht auch im „Symposion" das Wesen der Dämonen zu definieren?[110] Er erklärt, es sei dies eine Substanz, die zwischen der sterblichen und der unsterblichen, d. h. zwischen Körper und Geist, in der Mitte stehe, ein Produkt der Vereinigung irdischer Schwere und himmlischer Leichtigkeit – welcher (Vereinigung) auch Eros[111] seine Entstehung verdanke –, und er sagt, diese Substanz dringe ins Innere der menschlichen Brust, errege Empfindungen, veranlasse Affekte und flöße die Glut der Leidenschaft ein.

Diese unreinen Geister also oder Dämonen, wofür sie die Magier und die Philosophen erklären, stecken hinter geweihten Statuen und Bildnissen und bringen es durch ihre Einwirkungen zu einem Ansehen, als wäre wirklich eine Gottheit zugegen, indem sie bisweilen Seher begeistern, die an heiligen Stätten verweilen, indem sie hier und da die Fibern der Eingeweide beleben, den Flug der Vögel leiten, die Lose lenken und Orakelsprüche veranlassen[112], bei welchen freilich das Wahre durch eine größere Menge des Falschen verhüllt ist. Denn sie täuschen ebensowohl sich selbst als andere, da sie die reine Wahrheit nicht kennen und, was sie davon kennen, zu ihrem eigenen Verderben nicht zugestehen. So erschweren sie den Aufschwung zum Himmel, lenken vom wahren Gott auf das Materielle ab, stören den Frieden des Lebens und beunruhigen den Schlaf. Infolge

---

[110] Sympos. 202 D ff.
[111] D. h. das Liebesverlangen.
[112] Tibull. 2, 5, 11 ff.

ihrer feinen geistigen Beschaffenheit schleichen sie sich unvermerkt sogar in die Körper ein und bewirken Krankheiten, erschrecken die Seelen, verzerren die Gliedmaßen, um ihre Verehrung zu erzwingen und um gemästet vom Fettdampf der Altäre und von Tieropfern, wenn sie den Bann wieder aufheben, den sie selbst verhängt, sich den Anschein zu geben, als hätten sie Heilung gebracht. Daher die Rasenden, die ihr durch die Straßen laufen seht, auch eine Art Seher, nur außerhalb des Tempels; ihr Wahnsinn, ihre tolle Lustigkeit, ihre Wirbeltänze[113] sind die gleichen (wie bei wirklichen Sehern oder Priestern); auch findet bei ihnen die gleiche dämonische Einwirkung statt, nur der Schauplatz ihrer Raserei ist verschieden. Auf dämonische Einflüsse sind auch die Dinge zurückzuführen, welche du eben erwähnt hast, daß Jupiter durch einen Traum die Wiederholung von Spielen verlangte, daß Castor und Pollux zu Roß erschienen, daß ein Schiff dem Gürtel einer Römerin folgte.

Die Mehrzahl von euch weiß, daß die Dämonen selbst alles dies von sich bekennen, wenn sie von uns durch die Folter unserer Worte und die Feuerbrände unserer Ansprache aus den Körpern ausgetrieben werden. Saturnus, Serapis, Jupiter und alle Dämonen, die ihr verehrt, geben, durch Schmerz überwältigt, selbst an, was sie sind, und jedenfalls lügen sie nicht zu ihrer eigenen Schande, besonders wenn Leute von euch zugegen sind. Glaubt doch ihrem eigenen Zeugnis und Bekenntnis, daß sie Dämonen sind. Denn wenn sie bei dem wahren und einigen Gott beschworen werden, schauern die Unglücklichen unwillkürlich in den Körpern auf und fahren entweder sogleich aus oder verschwinden allmäh-

---

[113] Lucan. 5, 169 ff.; Apul. Met 8, 27.

lich, je nachdem (mehr oder weniger kräftig) der Glaube des Leidenden mithilft oder die Gnadengabe des Heilenden einwirkt. Darum fliehen sie die unmittelbare Nähe der Christen, um von fern sie in den (christlichen) Versammlungen durch euch zu verfolgen. Indem sie sich also in die Seelen Unverständiger einzuschleichen wissen, flößen sie ihnen heimlich mittelst der Furcht Haß gegen uns ein; denn es ist natürlich, daß man den, welchen man fürchtet, haßt und den, welchen man haßt, wo möglich feindlich behandelt. So bemächtigen sie sich der Geister und verstocken die Herzen, sodaß die Leute uns zu hassen beginnen, ehe sie uns kennen, damit sie nicht, wenn sie uns erkannt hätten, in unsere Fußstapfen treten möchten oder uns (wenigstens) nicht verdammen könnten.

Wie unrecht es aber ist, ohne vorhergehende genaue Prüfung abzuurteilen, wie ihr tut, glaubt das uns, die wir darin leider eigene Erfahrung haben. Wir machten es ebenso und glaubten in unserer ehemaligen Verblendung und Verstockung das Gleiche wie ihr, nämlich als ob die Christen ungeheuerliche Dinge verehrten, Kinder fräßen, unzüchtige Gelage miteinander begingen, und wir erkannten nicht, daß es die Dämonen sind, von welchen diese Fabeln immer wieder angefacht werden, ohne jemals gründlich untersucht oder bewiesen zu werden; daß ferner in so langer Zeit sich niemand fand, der den Verräter gespielt hätte, obwohl ihm nicht nur Verzeihung für das Begangene, sondern sogar Dank für seine Anzeige in Aussicht stand; daß endlich das Christentum so wenig etwas Böses sei, daß der angeklagte Christ weder errötete noch zagte und nur das eine bereute, daß er es nicht schon früher war. Wir aber, die wir doch in einzelnen Fällen Tempelräuber, Blutschänder, ja auch Vatermörder zur Verteidigung übernahmen, glaubten Christen gar nicht anhören zu dürfen. Bisweilen auch veranlaßte uns gerade unser Erbarmen über sie zu um so größerer Härte, indem wir die Bekennenden, um sie dem vermeintlichen Verderben zu entreißen, durch Folterqualen zum Widerruf zu zwingen suchten und so bei ihnen ein ganz widersinniges Kriminalverfahren anwendeten, welches nicht die Wahrheit ergründen, sondern die Lüge erzwingen sollte. Und wenn ein Schwächerer der Wucht und Übermacht des Elendes erliegend sein Christentum abgeleugnet hatte, waren wir ihm gewogen, als ob er sich nach Abschwören des Namens durch diese Verleugnung gleich von allen ihm schuldgegebenen Tatsachen reinige. – Erkennt ihr, daß wir ebenso dachten und taten, wie ihr denkt und tut? – Und doch, wenn ein Urteil sich auf die Vernunft und nicht auf dämonische Einflüsterungen gründete, so müßte man sie zwingen, nicht ihr Christentum abzuleugnen, sondern ihr blutschänderisches Treiben, ihren ruchlosen Gottesdienst, ihre Kinderschlächtereien einzugestehen. Denn mit diesen und ähnlichen Fabeln haben jene Dämonen die Ohren der Unverständigen vollgestopft, um in ihnen Abscheu und Entsetzen vor uns zu erregen. Befremdlich ist das indessen nicht, da ja das menschliche Gerücht, welches immer durch ausgestreute Lügen Nahrung erhält, im Licht der Wahrheit aber in Nichts zerrinnt, auch zum Geschäftskreis der Dämonen gehört[114]; denn sie sind es, welche lügenhafte Klatschgeschichten ausstreuen und hegen.

Das ist die Quelle des Gerüchtes, welches du gehört haben willst, daß ein Eselskopf der Gegenstand unserer Verehrung sei. Wer sollte die Einfalt besitzen, dergleichen zu verehren? Wer die noch

---

[114] Vgl. Hom. Il. 2, 93; Od. 1. 282.

größere, an eine solche Verehrung zu glauben? Ihr freilich weiht ganze Esel in euren Ställen zugleich mit eurer oder ihrer Epona[115] und schmückt dieselben zugleich mit der Isis in heiliger Verehrung. Ebenso opfert und – verehrt ihr Rinder- und Widderköpfe; auch weiht ihr Gestalten, die halb Bock und halb Mensch sind, und solche mit Löwen- und Hundegesichtern[116] als Götter. Bringt ihr nicht mit den Ägyptern auch dem Stier Apis zugleich Anbetung und – Futter dar? Auch mißbilligt ihr nicht ihre religiösen Gebräuche zu Ehren der Schlangen, Krokodile und sonstigen Ungetüme; auch mancher Vögel und Fische, Götter, auf deren Tötung sogar Todesstrafe gesetzt ist![117] Dieselben Ägypter scheuen mit einer großen Zahl von euch die Isis nicht mehr als die Schärfe der Zwiebeln und zittern vor dem Serapis nicht mehr als vor einem – Wind.[118]

Auch derjenige, welcher fabelt, wir beteten die Lenden unseres Priesters an, sucht auf uns zu übertragen was für seinesgleichen paßt. Denn solche Unsauberkeiten mögen etwa denen als heilige Gebräuche gelten, bei denen beide Geschlechter alle Glieder preisgeben, bei denen jede Art der Schamlosigkeit feine Bildung heißt, welche die Buhldirnen um ihre Freiheit beneiden, welche den widernatürlichsten Greueln frönen und eher von Ekel als von Scham über ihre Schamlosigkeiten ergriffen waren.[119] O über die Sünde! Sie begehen an sich Frevel, wozu es dem zarten Alter an Kraft und dem härtesten Frondienst an Zwangsmitteln fehlt.

---

[115] Göttin der Pferde und Esel und ihrer Wärter.
[116] Isis, Ammon, Pan, Mithras, Anubis.
[117] Herod. 2, 65 ff.
[118] Juven. Sat. 15, 9. Plin. Hist. nat. 2, 7, 16.
[119] Ael. Lamprid. Commod. 5, 11; Martial. 2, 61, 2.

Diese und ähnliche schmachvolle Dinge dürfen wir nicht einmal anhören; es wäre eine Schande, wollte ich noch mehr (dergleichen) zur Verteidigung anführen. Ersinnt ihr doch über keusche und sittsame Leute Dinge, welche wir nicht für möglich halten würden, würdet ihr nicht euererseits den Beweis von ihrer Möglichkeit liefern.

Wenn ihr aber einen Missetäter und sein Kreuz für einen Gegenstand unserer religiösen Verehrung erklärt, so irrt ihr weit von der Wahrheit ab, da ihr meint, ein Verbrecher habe die sittlichen oder ein Erdensohn die natürlichen Eigenschaften, um (bei uns) als Gott zu gelten. In der Tat, der ist bedauernswert, dessen ganze Hoffnung sich auf einen sterblichen Menschen gründet; denn all seine Hilfe ist mit dem Tode dieses Menschen dahin. Die Ägypter allerdings wählen sich einen Menschen zur göttlichen Verehrung, ihm allein huldigen sie, ihn fragen sie über alles um Rat, ihm schlachten sie Opfertiere[120]; er aber, der für andere ein Gott ist, für sich wenigstens bleibt er ein Mensch, mag er wollen oder nicht; denn sein eigenes Bewußtsein betrügt er nicht, wenn er auch andere täuscht. Auch den Fürsten und Königen schmeichelt eine unwahre Wohldienerei nicht als großen und auserlesenen Männern, was erlaubt wäre, sondern schimpflicher Weise als Göttern, während (menschliche) Ehre bei einem großen Mann richtiger angebracht und (menschliche) Liebe gerade für einen edlen wohltuender wäre. So rufen sie die Gottheit der Fürsten an, knien vor ihren Bildern, flehen zu ihrem Genius, d. i. ihrem Dämon, und es bringt ihnen weniger Gefahr, bei Jupiters Genius falsch zu schwören als bei dem des Königs.

---

[120] Porphyr, abstin. 4, 9.

Auch Kreuze verehren wir weder, noch verlangt uns nach ihnen. Ihr allerdings, die ihr hölzerne Götter weiht, betet vielleicht (ursprüngliche) hölzerne Kreuze als Bestandteile eurer Götter an. Eure militärischen Feldzeichen, Fahnen und Standarten aber, was sind sie anders als vergoldete und verzierte Kreuze? Eure Siegeszeichen haben nicht nur die Gestalt eines einfachen Kreuzes, sondern auch eines daranhängenden Menschen. Überdies sehen wir das Zeichen des Kreuzes in ungekünstelter Weise am Schiff, wenn es mit schwellenden Segeln einherfährt oder mit ausgestreckten Rudern dahingleitet. Wird ein Joch errichtet, so entsteht das Zeichen des Kreuzes und ebenso, wenn ein Mensch mit ausgestreckten Armen Gott nur im Geist verehrt. So liegt die Kreuzesform teils natürlichen Verhältnissen zugrunde, teils kommt es in euren eigenen Kultgegenständen zur Erscheinung.

Nun möchte ich mich mit dem auseinandersetzen, der da sagt oder glaubt, wir empfingen unsere Weihe durch das Blut eines ermordeten Kindes. Hältst du es für möglich, daß gegen einen so zarten und kleinen Körper Todesstöße geführt werden, daß jemand das unreife Blut eines neugeborenen Kindes, das kaum noch Mensch zu nennen ist, vergießen oder schlürfen könnte? Niemand kann dies glauben, er wäre denn fähig, es auch zu tun. Euch freilich sehe ich eure Kinder bald den reißenden Tieren und den Vögeln aussetzen, bald durch Erdrosseln auf eine elende Weise ums Leben bringen. Manche Frauen vernichten im eigenen Leibe durch eingenommene Arzneien den Keim künftigen Lebens[121] und begehen einen Kindesmord, ehe sie gebären.

---

[121] Seneca ad Helv. matr. 16, 3.

Diese Dinge leiten sich jedenfalls von dem Beispiel her, das eure Götter geben. Saturnus hat seine Kinder – nicht ausgesetzt, sondern aufgefressen. Dem entsprechend wurden ihm in einigen Teilen Afrikas Kinder von ihren Eltern geopfert, wobei man ihr Gewimmer durch Schmeicheleien und Küsse erstickte, um nicht ein weinendes Opfer darzubringen.[122] Die Taurier am Schwarzen Meer[123] und der Ägypter Busiris[124] hatten die Sitte, die Fremdlinge zu opfern; die Gallier pflegten dem Merkur menschliche oder eigentlich unmenschliche Opfer zu schlachten[125]; die Römer gruben einen Griechen und eine Griechin, einen Gallier und eine Gallierin lebendig als Opfer ein[126], und noch heute wird von ihnen Jupiter Latiaris durch Menschenschlächterei verehrt und, würdig eines Sohnes des Saturns, durch das Blut eines Übeltäters und Verbrechers gemästet. Ich glaube, er selbst hat dem Catilina die Anweisung gegeben, den Bund der Verschwörung mit Blut zu besiegeln[127], der Bellona, ihr Opfer mit vergossenem Menschenblut benetzen zu lassen[128], und (dem Volk) die fallende Sucht durch Menschenblut, ein noch schlimmeres Übel, zu heilen.[129] Ähnlich handeln die, welche die wilden Tiere aus der Arena auffressen, wenn sie mit Blut befleckt und mit menschlichen

---

[122] Saturn ist hier mit Baal (Moloch) identifiziert Diodor. Sic. 20, 14.

[123] Juven. 15, 116 ff.

[124] Ein mythischer König Ägyptens. Ovid. Art. 1, 647 ff.

[125] Cæs. Bel. gal. 6, 16.

[126] Liv. 22, 57. Noch in der Kaiserzeit kam diese Sitte zur Anwendung, eine männliche und eine weibliche Person aus dem Volk, mit dem man Krieg führte, als Opfer lebend zu begraben. Plin. Hist. nat. 28, 12.

[127] Sall. Cat. 22.

[128] Die Priester der Bellona besprengten mit ihrem Blut den Altar der Göttin.

[129] Cels. med. 3, 23.

Gliedmaßen und Eingeweiden gemästet sind.[130] Wir hingegen dürfen das Hinmorden von Menschen nicht ansehen noch anhören und scheuen uns so sehr vor Menschenblut, daß wir nicht einmal das Blut eßbarer Tiere unter unseren Speisen haben.[131]

In Betreff der unzüchtigen Mahle hat die Dämonenbande ein großartiges Lügengewebe gegen uns ersonnen, um den Ruhm der Keuschheit durch die Schmach ehrenrühriger Nachrede zu besudeln und um die Menschen, bevor sie die Wahrheit zu erkennen vermöchten, durch einen heillosen Wahn von uns zurückzuschrecken. So hat über jene Mahle auch dein Fronto nicht ein bestätigendes Zeugnis abgelegt, sondern sich nur in rhetorischen Schmähungen ergangen. Denn solche Dinge sind die Erzeugnisse eurer Völker. Bei den Persern gilt der geschlechtliche Verkehr mit den Müttern für erlaubt[132], bei den Ägyptern und Athenern sind Ehen mit den Schwestern gesetzmäßig[133]; eure Geschichten und Tragödien prunken mit Fällen der Blutschande und doch lest und hört ihr sie gern. So verehrt ihr auch unzüchtige Götter, die mit Mutter, Tochter und Schwester sich verbanden. Die natürliche Folge davon ist, daß Blutschande oft bei euch an den Tag kommt, immer aber begangen wird. Auch ohne euer Wissen, ihr Armen, könnt ihr in unerlaubte Verhältnisse geraten. Während ihr blindlings der Liebe frönt, allerorten Kinder zeugt und auch diejenigen, welche euch im Haus geboren werden, häufig fremdem Mitleiden preisgebt, müßt ihr notwendig immer wieder auf eure Angehörigen stoßen und zu euren Kindern euch verirren. So

---

[130] Apul. Met. 4, 14.
[131] Apostelg. 15, 29.
[132] Lucian. sacrif. 5.
[133] Diod. Sic. 1, 27; Corn. Nep. Cim. 1, 2.

schmiedet ihr eine Tragödie der Blutschande, auch ohne euch dessen bewußt zu sein.

Wir aber huldigen der Sittenreinheit nicht in äußerlichen Gebärden, sondern im Herzen; wir bleiben willigen Sinnes dem Band einer Ehe getreu und wissen entweder nur von einer Frau, um unser Geschlecht zu erhalten, oder von keiner.

Die Mahle, welche wir feiern, sind nicht nur züchtig, sondern auch nüchtern; denn wir verlegen uns nicht aufs Schmausen oder ziehen das Mahl durch Weingenuß in die Länge, sondern wissen die Fröhlichkeit durch sittlichen Ernst zu zügeln. Keusch in Worten und noch keuscheren Leibes erfreuen sich sehr viele der ewigen Jungfräulichkeit eines unbefleckten Leibes, ohne sich dessen zu rühmen. So liegt uns das Gelüsten nach Blutschande so fern, daß manche zu schamhaft sind, auch eine züchtige Verbindung zu schließen.

Wenn wir ferner eure Ehrenstellen und Purpurkleider verschmähen, so folgt daraus noch nicht ohne weiteres, daß wir aus der Hefe des Volkes bestehen; auch sind wir darum nicht parteisüchtig, wenn wir alle im Guten eines Sinnes sind[134], gleich friedfertig, mögen wir beisammen oder allein sein. Auch sind wir nicht „nur in den Winkeln redselig", wenn ihr euch schämt oder fürchtet, uns öffentlich zu hören.

Daß ferner unsere Zahl sich täglich mehrt, ist nicht ein Beweis der Verwerflichkeit, sondern ein Zeugnis für die Güte unserer Sache. Denn (nur) einer tugendhaften Lebensweise bleiben die alten Freunde unwandelbar treu und schließen sich immer wieder neue aus fremden Kreisen an. So sind es denn auch nicht, wie ihr

---

[134] Röm. 12, 16; 15, 5; Philipp. 2, 2.

meint, körperliche Merkmale, sondern die Wahrzeichen der Unschuld und Sittsamkeit, an denen wir uns leicht erkennen; so erfüllt uns – und das erregt euren Ärger – gegenseitige Liebe, weil wir eben nicht zu hassen verstehen; so nennen wir – und das erregt euren Neid – einander Brüder, als die menschlichen Söhne des einen göttlichen Vaters, als Genossen des Glaubens, als Miterben der Hoffnung.[135] Ihr freilich würdigt einander keiner Beachtung, erhitzt euch zu gegenseitigem Haß und erkennt euch nicht als Brüder, es sei denn, um einen Brudermord zu begehen. Glaubt ihr aber, wir verheimlichten den Gegenstand unserer Verehrung, wenn wir keine Tempel und Altäre haben? Welches Bildnis soll ich Gott errichten, da im Grunde genommen der Mensch selbst ein Bildnis Gottes ist? Welchen Tempel soll ich ihm bauen, da diese ganze Welt, das Werk seiner Hände, ihn nicht zu fassen vermag?[136] Und während ich als Mensch viel geräumiger wohne, soll ich die Größe solcher Majestät in eine einzige Zelle einschließen? Werden wir ihm nicht besser in unserer Seele ein Heiligtum bauen, nicht lieber in unserer Brust eine Stätte weihen?[137] Ich soll dem Herrn als Sühn- und Dankopfer darbringen, was er mir zunutze geschaffen hat[138], und ihm also sein Geschenk wieder heimgeben? Das wäre undankbar. Ein angenehmes Opfer ist ihm ein gutes Herz, ein reiner Sinn, ein unbeflecktes Gewissen.[139] Wer also unschuldig lebt, erfleht damit Gottes Erbarmen; wer Gerechtigkeit übt, bringt ihm Spenden

---

[135] 1 Petr. 3, 7; Tit 3, 7; Ephes. 3, 6; Röm. 8,17.
[136] Gen. 1, 26; Jes.66, 1; Apostelg. 17, 24.
[137] Vgl. Seneca bei Lact. Instit 6, 25; 1. Kor. 3, 16; 2. Kor. 6, 16.
[138] 1 Tim. 4, 3.
[139] 1. Tim. 1, 5; Ps. 50, 18 f.

dar; wer sich von Betrug rein erhält, wirbt um seine Huld; wer einen Menschen aus Gefahr errettet, schlachtet ihm ein stattliches Opfertier. Das sind unsere Opfer, das ist Gottesdienst. So gilt bei uns der Gerechteste als der Frömmste.

Du sagst, wir könnten unseren Gott weder sehen lassen, noch selbst sehen. – Ja, ebendeswegen halten wir ihn für Gott, weil wir ihn wohl wahrnehmen, nicht aber schauen können.[140] Denn in seinen Werken und in allen Bewegungen der Welt sehen wir sein mächtiges Walten stets gegenwärtig[141], im Donner, Blitz und Wetterstrahl, wie im heiteren Sonnenblick. Wundere dich aber nicht, wenn du Gott nicht siehst. Alles Mögliche wird vom Hauch des Windes bewegt, erschüttert, umhergetrieben; und dennoch entzieht er selbst sich unseren Blicken. Das Anschauen der Sonne, welche doch für alle die Ursache des Sehens ist, können wir nicht aushalten; vor ihren Strahlen vergeht uns das Gesicht, verdunkelt sich der Blick des Anschauenden, und wenn man länger hineinsieht, so wird die Sehkraft gänzlich zerstört.[142] Wie? Und den Schöpfer der Sonne selbst, jenen Urquell des Lichts, sollte dein Blick ertragen können, da du dich schon von seinen Blitzen abwenden und vor seinen Wetterstrahlen verhüllen mußt? Du willst Gott mit deinen fleischlichen Augen sehen, da du doch deine eigene Seele, durch welche du Leben und Sprache erhältst, weder sehen noch greifen kannst?

Du meinst, Gott wisse nichts von dem Tun und Treiben der Menschen und könne von seinem himmlischen Sitz aus weder der ganzen Menschheit warten noch jeden Einzelnen kennen. – O

---

[140] I. Tim. 6, 16.
[141] Röm. I, 20.
[142] Xenoph. Memor. 4, 3, 14.

Mensch, du bist gänzlich in Irrtum. Wie kann es für Gott eine weite Entfernung geben, da alles Himmlische und Irdische, und was außer dem Bereich dieser Weltsphäre liegt, von ihm erkannt und erfüllt ist? Überall ist er uns nicht nur ganz nahe, sondern er durchdringt uns sogar. Betrachte nur noch einmal die Sonne! Am Himmel befestigt ergießt sie doch ihr Licht über alle Länder; aller Orten ist sie gleichmäßig gegenwärtig, dringt in alles ein und nirgends wird ihr Glanz getrübt. Wieviel mehr ist

Gott, der Schöpfer und Hüter aller Dinge, vor dem es kein Geheimnis geben kann, gegenwärtig in der Finsternis, gegenwärtig in unseren Gedanken, gleichsam einer Finsternis anderer (nichtsinnlicher) Art![143] Kurz, wir leben nicht nur unter ihm, sondern auch ich möchte fast sagen mit ihm.[144]

Wollen wir uns auch nicht mit unserer Menge schmeicheln. Uns erscheint unsere Zahl groß, vor Gottes Augen aber ist sie verschwindend klein; wir unterscheiden Völker und Stämme, für Gott aber ist diese ganze Welt ein Haus; Könige kennen den Zustand ihres Reiches durch die vereinten Dienste ihrer Beamten, Gott braucht nicht die Berichte anderer. Leben wir doch nicht nur unter seinen Augen, sondern sogar in seinem Schoß.

Aber „den Juden brachte es keinen Gewinn, daß sie ebenfalls einen einzigen Gott in der zeremoniösesten Weise mit Tempeln und Altären verehrten." Du irrst aus Unkenntnis, indem du der früheren Ereignisse uneingedenk oder unkundig nur der späteren dich erinnerst. Denn auch sie haben unseren Gott – er ist ja

---

[143] 1. Kor. 4, 5.
[144] Apostelg. 17, 28.

derselbe Gott für alle – aus der Erfahrung kennengelernt. Solange sie ihn rein, schuldlos und fromm verehrten, solange sie seinen heilsamen Geboten gehorchten, wurden sie aus wenigen zu einer zahllosen Menge, aus Armen zu Reichen, aus Knechten zu Herrschern. Sie haben trotz ihrer unbedeutenden Anzahl ein zahlreiches Heer, trotz ihrer Wehrlosigkeit einen gerüsteten Feind, als Fliehende ihre Verfolger auf Gottes Geheiß und unter der Mitwirkung der Elemente überwältigt. Lies nur ihre Urkunden, oder solltest du die römische Literatur vorziehen, so schlage, um ältere Schriftsteller zu übergehen, den Flavius Josephus oder den Antonius Julianus[145] über die Juden nach, und du wirst finden, daß sie sich ihr Schicksal durch ihre Verworfenheit zugezogen haben, und daß nichts geschehen sei, was ihnen nicht, falls sie in ihrer Verstockung verharren würden, vorherverkündet war. So wirst du erkennen, daß sie (Gott) verließen, ehe sie (von ihm) verlassen worden sind, und daß sie nicht, wie du frevelig sagst, samt ihrem Gott in Gefangenschaft gerieten, sondern von ihm als Übertreter seiner Ordnung preisgegeben worden sind.

Was übrigens die Weltverbrennung anlangt[146], so ist es ein gemeiner Irrtum, wenn man nicht oder nur schwer glaubt, daß plötzlich Feuer herabfallen könne. Denn welcher Philosoph zweifelt, wer weiß es nicht, daß alles Entstandene auch zugrunde geht, daß alles Geschaffene auch wieder zunichte wird? Es ist die feste Ansicht der Stoiker, daß auch der Himmel mit allem, was er umfaßt, wie er einen Anfang hatte, dann, wenn das süße Wasser

---

[145] Ein gelehrter Rhetor in der hadrianischen Zeit.
[146] Vgl. 2. Petr. 3, 7 ff.

der Quellen aufhöre die Meere zu speisen, ein Raub der Flammen werden würde; denn nach Aufzehrung der Feuchtigkeit müsse diese ganze Welt in Brand geraten.[147] Die Epikureer haben über die Verbrennung der Elemente und den Einsturz der Welt die gleiche Meinung.[148] Ähnlich äußert sich Plato.[149] Er sagt, die einzelnen Teile der Welt würden abwechselnd bald überflutet, bald gerieten sie in Brand, und obwohl er erklärt, die Welt selbst sei ein ewiges und unzerstörbares Gebäude, fügte er doch hinzu, für Gott, ihren Werkmeister, allein sei sie zerstörbar und vergänglich.[150] Es wäre also nichts Seltsames, wenn dieser Bau von dem, der ihn errichtet hat, zerstört würde.

Du siehst, die Philosophen lehren das Nämliche wie wir, nicht als ob wir ihren Spuren gefolgt wären, sondern weil sie den Schatten einer (freilich) mit unechten Elementen vermischten Wahrheit, welche sich aus den von Gott eingegebenen Weissagungen der Propheten herleitet, zum Vorbild gehabt haben.

Daher (weil sie nicht im Besitz der vollen Wahrheit waren) haben Philosophen ersten Ranges, zuerst Pythagoras, vornehmlich aber Plato, auch die Wiedererstehung nach dem Tode nur in entstellter, halbwahrer Weise gelehrt. Denn sie glauben, daß nach Lösung der körperlichen Bande nur die Seele fortdauere und wiederholt in andere, neue Körper übergehe. Zur (gründlichen) Verdrehung der Wahrheit fügen sie noch hinzu, daß die menschlichen Seelen in Haustiere, Vögel und wilde Tiere zurückkehrten. Eine derartige Ansicht ist in der Tat würdiger eines lästernden

---

[147] Cic. nat. deor. 2, 46; 3, 14.
[148] Lucret. 5, 407 ff.; Ovid. Met. 1, 256 ff.
[149] Tim. 22 C. f.
[150] Ebend. 41, A.

Mimen, als eines ernst forschenden Philosophen; doch für unseren gegenwärtigen Zweck genügt es, daß auch in diesem Punkt eure Weisen (wenigstens) einigermaßen mit uns übereinstimmen.

Indessen wer wäre überhaupt albern und beschränkt genug, um zu bestreiten, daß der Mensch, wie er das erste Mal von Gott geschaffen werden konnte, so auch von neuem wieder hergestellt werden kann, daß er nach seinem Tode nichts ist, wie er schon vor seinem Tode nichts war, und also, wie er aus nichts entstehen konnte, so auch aus nichts nochmals geschaffen werden kann? Im Gegenteil hält es schwerer, noch nicht Vorhandenes zu beginnen, als schon Dagewesenes zu erneuern.

Du meinst, daß auch für Gott etwas verlorengehe, wenn es sich unseren trüben Augen entzieht? Jeder Körper, mag er nun zu Staub verdorren oder in Feuchtigkeit sich auflösen, mag er in Asche verdichtet oder in Fettdampf verdünnt werden, wird uns zwar entrückt, für Gott aber, den Erhalter der Elemente, existiert er fort. Wir fürchten auch nicht, wie ihr meint, einen Verlust von der Art der Totenbestattung, aber wir wenden durchgängig die Beerdigung an als die ursprünglichere und edlere Sitte.

Sieh ferner, wie uns zum Trost die ganze Natur den Gedanken einer künftigen Auferstehung zum Ausdruck zu bringen sucht. Die Sonne geht unter und wieder auf; die Sterne gleiten hinab und kehren wieder; die Blumen welken dahin und blühen wieder auf; junges, Laub sproßt aus den entblätterten Bäumen und nur aus verwesten Samen keimt frisches Grün.[151] Wie mit den Bäumen im Winter, so ist es mit dem Körper im Grab: beide verber-

---

[151] I. Kor. 15, 36; 42; Ev. Joh. 12, 24.

gen hinter scheinbarer Erstorbenheit frische Lebenskraft. Was verlangst du ungeduldig, daß der Leib mitten im Winter zu neuem Leben wiederkehre? Auch sein Frühling will abgewartet sein.

Ich weiß wohl, daß sehr viele im Bewußtsein ihrer Schuld mehr wünschen, als glauben, daß nach dem Tode ihr Dasein völlig aufhöre; denn sie wollen lieber ihre gänzliche Vernichtung als ihre Wiedererweckung zur Büßung harter Strafen. Ihr Irrtum findet Nahrung durch die Freiheit, die ihnen hienieden gestattet ist, und durch die große Langmut Gottes, dessen Gericht um so gerechter ist, je länger es verzieht.[152]

Übrigens werden die Menschen in den Werken der gelehrtesten Forscher wie in den Gesängen der Dichter an jenen feurigen Strom und jene Glut erinnert, die wiederholt vom stygischen Sumpf aus ihren Umlauf beginnt.[153] Daß dies Anstalten zum Zweck ewiger Peinigung sind, darüber sind jene Autoren teils durch die Mitteilungen der Dämonen teils durch die Weissagungen der Propheten belehrt worden. Deswegen schwört in ihren Werken auch der Götterkönig Jupiter selbst bei den versengenden Gestaden und bei dem schwarzen Schlund[154] mit heiliger Scheu; er weiß eben die Strafe, die seiner und seiner Anbeter wartet, zum voraus und schaudert davor. Und für diese Martern gibt es nicht Maß noch Ziel. Von einem klugberechnenden Feuer werden dort die Glieder verbrannt und wieder ersetzt, zerfleischt und genährt. Wie das Feuer des Blitzes den Körper berührt, aber nicht verzehrt, wie das Feuer des Ætna und Vesuv und sonstiger Erd-

---

[152] 2. Pet. 3, 9.
[153] Plat. Phæd. p. 112 D. ff. Verg. Æn. 6, 438 f.
[154] Verg. Æn. 9, 104 ff. 6, 323.

bründe lodert, ohne sich zu erschöpfen: so wird jenes Straffeuer nicht durch Stoffverlust der brennenden Körper genährt, sondern nur durch unaufhörliche Zerfleischung derselben erhalten.

Daß aber diejenigen, welche Gott nicht kennen, mit Recht gemartert werden als Ruchlose und Ungerechte, das kann nur ein Ungeweihter bezweifeln.[155] Ist es ja doch kein geringerer Frevel, den Vater und Herrn des Alls nicht zu kennen, als ihn zu verletzen. Es ist also zwar schon die Unkenntnis Gottes hinreichend zur Strafwürdigkeit, sowie seine Erkenntnis die Aussicht auf Verzeihung vermehrt; indessen werden wir Christen im Vergleich mit euch, trotz unseres teilweisen Mangels an Bildung, (auch in moralischer Beziehung) weitaus als die Besseren erfunden werden. Ihr verbietet den Ehebruch und – begeht ihn, wir sind als Männer nur für unsere Ehefrauen auf der Welt; ihr bestraft verbrecherische Handlungen, bei uns ist schon der Gedanke daran sündhaft; ihr fürchtet die Mitwisser, wir fürchten schon das Gewissen allein, ohne das man nicht sein kann; von euren Leuten endlich wimmeln die Gefängnisse, ein Christ ist nicht dort zu finden, es sei denn als Märtyrer oder als Apostat seines Glaubens.

Suche man sich aber doch nicht mit einem Verhängnis zu trösten oder den Ausgang damit zu beschönigen. Mag auch die äußere Lebensstellung vom Zufall abhängen: der Geist ist frei und deshalb bildet die Handlungsweise des Menschen, nicht seine soziale Stellung, den Gegenstand der Beurteilung. Was ist das Verhängnis anders als das, was Gott über einen jeglichen von uns verhängt hat? Da er aber unseren Charakter voraus wissen kann, so bestimmt er nach der Würdigkeit und den Eigenschaften der einzel-

---

[155] 2. Thess. I, 8

nen auch ihre Geschicke. So wird an uns nicht unser angeborenes Naturell gestraft, sondern unsere Geistesrichtung. Doch genug vom Verhängnis, wenn es auch für den Augenblick wenig ist! Wir wollen bei einer anderen Gelegenheit ausführlicher und erschöpfender hierüber reden.

Wenn wir aber zum großen Teil für arm gelten, so ist das keine Schande, sondern ein Ruhm für uns. Wohlleben schwächt den Geist, Mäßigkeit kräftigt ihn. Übrigens, wie kann der arm sein, welcher kein Bedürfnis fühlt, welcher nicht nach fremdem Gut begehrt, welcher reich ist in Gott?[156] Eher ist derjenige arm, der, wiewohl er viel hat, doch noch mehr begehrt. Doch im Grunde genommen kann niemand so arm sein, als er bei seiner Geburt war.[157] Die Vögel leben ohne Erbe und finden Tag für Tag ihr Futter (...)[158]; und doch sind diese Geschöpfe nur unsertwegen auf der Welt und wir besitzen dies alles, wenn wir es nicht (zum ausschließlichen Besitz) begehren. Wie nun der, welcher auf der Straße wandert, um so besser daran ist, je leichter sein Bündel ist, so ist auch auf dieser Lebensreise demjenigen am wohlsten, welcher es sich durch Armut leicht macht und nicht unter der Bürde des Reichtums keucht. Übrigens, wenn wir Reichtum für ersprießlich hielten, würden wir Gott darum bitten. Jedenfalls könnte uns der einen Teil gewähren, der das Ganze besitzt. Aber wir ziehen die Verachtung des Reichtums seiner Erwerbung vor; wir wünschen uns lieber Unbescholtenheit, erflehen uns lieber stille Ergebung und begehren lieber tugendhaft als verschwenderisch zu leben.

---

[156] Luk. 12, 21.
[157] Seneca provid. 6, 6.
[158] Vgl. Matth. 6, 26. Es ist hier offenbar eine Lücke.

Wenn wir menschliche Schwächen des Körpers fühlen und darunter leiden, so ist das nicht eine Strafe, sondern eine Kriegsübung. Denn die Seelenstärke wird in körperlichen Schwächen erhöht und das Unglück ist oft eine Tugendschule[159]; ja ohne die Übung der Drangsal erschlaffen die Kräfte des Geistes wie die des Körpers. Sind ja auch eure Helden, welche ihr als Vorbilder hinstellt, sämtlich durch Drang und Not zur Berühmtheit gelangt. So ist es nun auch bei uns. Es fehlt Gott weder an der Fähigkeit, uns zu helfen, noch hält er es unter seiner Würde; ist er doch der Herr der ganzen Welt und hat die Seinen lieb; aber er prüft und wägt einen jeglichen in Widerwärtigkeiten, erforscht den Charakter der einzelnen in Gefahren und erkundet die Gesinnung eines Menschen bis zu seiner Sterbestunde, im sicheren Bewußtsein, daß ihm nichts entgehen könne. So werden wir in Anfechtungen, wie das Gold im Feuer, erprobt.[160]

Welch ein herrliches Schauspiel ist es für Gott, wenn der Christ gegen den Schmerz in die Schranken tritt[161], wenn er gegen Drohungen, Todesstrafe und Foltern den Kampf aufnimmt, wenn er das Rasseln der Todeswerkzeuge und das Entsetzen vor dem Henker lächelnd unter die Füße tritt, wenn er Königen und Fürsten gegenüber seine Freiheit hochhält und sich nur Gott, seinem Herrn, willig unterordnet, wenn er selbst über den, der das Urteil über ihn gesprochen hat, triumphierend und siegreich hinwegschreitet. Denn Sieger ist der, der sich am Ziel seiner Wünsche sieht. Welcher Soldat[162] wird nicht vor den Augen

---

[159] Seneca provid. 4, 6.
[160] I. Petr. I, 6 f.; Jes. Sir. 2, 5; Sprichw. 17, 3.
[161] Vgl. Seneca provid. 2, 7 sqq.
[162] 2. Tim. 2, 3 Ff.

seines Feldherrn die Gefahr kühner herausfordern? Denn nur wer eine Probe ablegt, hat einen Preis zu erwarten. Übrigens kann der Feldherr nicht verleihen, was nicht in seiner Macht steht; er kann kein zweites Leben schaffen; sondern nur militärische Auszeichnungen gewähren. Der Streiter Gottes dagegen sieht sich weder im Schmerz verlassen; noch wird er durch den Tod vernichtet. So kann der Christ zwar unglücklich scheinen, aber nicht sein. Ihr selbst erhebt vom Unglück heimgesuchte Männer in den Himmel, wie den Mucius Scævola, welcher, nachdem er einen Fehlangriff auf den König gemacht hatte[163], unter den Feinden sein Leben hätte lassen müssen, hätte er nicht seine rechte Hand geopfert. Aber wieviele der Unsrigen haben es ohne einen Schmerzenslaut ertragen, wenn ihnen – nicht die rechte Hand nur, sondern der ganze Körper versengt und verbrannt wurde, obwohl sie es in ihrer Gewalt hatten, ihre Freilassung zu bewirken! Doch was vergleiche ich Männer mit Mucius, Aquilius[164] und Regulus? Unsere Frauen und Kinder spotten der Kreuze, der Foltern, der reißenden Tiere und aller Schrecken der Hinrichtung durch gottbegeisterte Ausdauer im Schmerz. Und doch seht ihr nicht ein, ihr Unseligen, daß niemand existiert, der ohne vernünftigen Grund sich einer Strafe unterziehen möchte oder ohne göttlichen Beistand die Folterung ruhig ertragen könnte.

Aber vielleicht beirrt euch die Wahrnehmung, daß solche, die von Gott nichts wissen, Reichtum die Fülle haben, in Ehrenämtern glänzen, hohe Machtstellungen einnehmen. Die Unglück-

---

[163] Liv, 2, 12 ff.
[164] Manius Aquilius geriet durch Verrat in die Hände des Mithridates und dieser soll ihm geschmolzenes Gold in den Hals haben gießen lassen. Plin. Hist. nat. 33, 3.

lichen werden höher erhoben, nur um desto tiefer zu fallen.[165] Denn sie werden wie Opfertiere gemästet und bekränzt, um schließlich mit dem Leben zu büßen.[166] Manche werden auch zu dem Zweck auf hohe Stufen der Herrschaft und Macht gestellt, damit ihr verderbtes Herz ihre natürlichen Gaben in der Ungebundenheit ihrer Herrschgewalt nach freiem Belieben zu Markte tragen könne. Welche wahre Glückseligkeit kann auch ohne die Erkenntnis Gottes bestehen, da es einen Tod gibt?

Einem Traumgebilde gleich entschlüpft sie, ehe man sie erhascht. Du bist ein König – dennoch fürchtest du dich ebensosehr, als du gefürchtet wirst[167], und wie zahlreich auch dein Geleit ist, das dich umgibt, in der Stunde der Gefahr stehst du doch allein. Du bist reich – aber dem Glück ist nicht gut zu trauen und durch viel Reisegeld wird die kurze Wanderschaft durchs Leben nicht gefördert, sondern erschwert. Du bist stolz auf Amtsinsignien und Ehrenkleider – eine eitle menschliche Verkehrtheit und ein leeres Ehrengepränge, wenn man im Purpur strahlt, aber schmutzig im Herzen ist. Du bist von hochadligem Geblüt, nennst rühmend deine Ahnen – doch wir alle bringen das gleiche (Menschen-)Los mit auf die Welt, nur persönliche Tüchtigkeit unterscheidet uns.

Da also für uns nur der Lebenswandel und die sittliche Reinheit den Maßstab der Schätzung bildet, so ist es natürlich, wenn wir uns von euren verwerflichen Vergnügungen, Aufzügen und Schauspielen fernhalten, deren (heidnisch-) religiösen Ursprung wir kennen und deren schädliches, verführerisches Wesen wir

---

[165] Juven. 10, 104 ff.; Ps. 72. 18.

[166] 2. Petr. 2, 12; Jak. 5, 5; Jerem. 12, 1 ff.

[167] Seneca ir. 2, 11, 3.

verdammen. Wer sollte bei den Wettspielen im Zirkus sich nicht entsetzen vor dem Wahnsinn des sich gegenseitig bekämpfenden Volkes und bei den Gladiatorenspielen vor der handwerksmäßigen Menschenschlächterei? Bei szenischen Aufführungen ist die Raserei nicht geringer, die Schändlichkeit noch zügelloser. Denn bald erzählt ein Mime von Ehebruch oder stellt ihn dar, bald macht ein schamloser Komödiant die Leidenschaft, die er bloß fingiert, (in den Zuschauern) wirklich rege; er verunglimpft zugleich eure Götter, indem er ihnen unzüchtige Handlungen, Klagetöne und Äußerungen des Hasses andichtet, und entlockt euch in erheuchelten Schmerzen durch leeres Mienen- und Gebärdenspiel Tränen. So heischt ihr wirkliche Mordszenen und weint über erdichtete.

Wenn wir aber die Überbleibsel der Opfer und die Becher, aus denen ein Weiheguß dargebracht wurde, verschmähen[168], so ist dies nicht ein Eingeständnis der Furcht, sondern die Behauptung wahrer Freiheit. Wohl ist jedes natürliche Erzeugnis eine unverletzliche Gabe Gottes und kann durch keine Handlung verdammenswert werden[169]; dennoch enthalten wir uns dieser Dinge, damit niemand glaube, wir fügten uns den Dämonen, welchen davon geopfert wurde, oder wir schämten uns unserer Religion.

Wer aber will daran zweifeln, daß wir die Frühlingsblumen lieben?[170] Pflücken wir doch die Rose des Frühlings und die Lilie

---

[168] 1. Kor. 10, 14 ff.

[169] 1. Tim. 4, 4.

[170] Aus Tertullian de corona C. 14 ersehen wir, daß sich die Christen scheuten einen Blumenkranz aufs Haupt zu setzen, da Christus eine Dornenkrone getragen. Daß Minucius hier nicht diesen, sondern lediglich einen Vernunft-

und alle möglichen anderen Blumen, die lieblich von Geruch und Farbe sind. Wir benutzen sie im aufgelösten Zustand zum Hinstreuen und schlingen sie in weichen Gewinden um den Hals. Daß wir freilich das Haupt nicht bekränzen, das müßt ihr uns zugute halten. Den lieblichen Duft einer Blume pflegen wir eben mit der Nase einzuziehen, nicht mit Kopf und Haaren.

„Auch bekränzen wir die Toten nicht." – Hierin darf ich mich eher über euch wundern, wie ihr bei der Bestattung eines Toten Feuer anwenden mögt, wenn er Empfindung, oder Kränze, wenn er keine hat. Ist er selig, so trägt er nach Blumen kein Verlangen; ist er unselig, so hat er kein Gefallen daran. Wir aber bestatten unsere Toten in derselben geräuschlosen Weise, in welcher wir leben, und setzen keinen welkenden Kranz auf, sondern erwarten einen mit ewig frischen Blumen geschmückten Kranz von Gottes Hand.[171] Ruhig und bescheiden, sicher im Besitz der Gaben, die uns unseres Gottes Güte verleiht, beleben wir unsere Hoffnung auf einstige Seligkeit durch das Unterpfand, das seine gegenwärtige Herrlichkeit bietet. So stehen wir (einst) selig auf und leben jetzt schon selig im Hinblick auf das Zukünftige.

Nun mag es der „attische Schalksnarr"[172] Sokrates verantworten, wenn er erklärt, daß er nichts wisse, und sich doch mit dem Zeugnis eines höchst trügerischen Dämons brüstet; mag auch Arkesilas, Karneades, Pyrrho und die ganze Schar der Akademiker im Zweifel leben; mag Simonides bis ins Unendliche Fristen stecken: wir verachten die hochweisen Mienen der Philosophen,

---

grund geltend macht, stimmt ganz zu seinem sonstigen Verfahren, die Person Christi in dieser Schrift nicht in die Debatte zu ziehen.

[171] I. Petr. 5, 4; I. Kor. 9, 25.
[172] Cic. nat. deor. I, 34.

welche wir als Sittenverderber, Ehebrecher, Tyrannen und als stets beredte Prediger gegen Sünden kennen, die – sie selbst begehen.[173] Wir, deren Weisheit sich nicht im Äußeren, sondern im Herzen zeigt, deren Stärke nicht in Worten, sondern im Wandel ruht, dürfen uns rühmen erreicht zu haben, was jene mit aller Anstrengung suchten und nicht finden konnten.

Warum sind wir undankbar dafür, warum mißgönnen wir es uns selbst, daß die göttliche Wahrheit in unserer Zeit zur Reife gelangt ist? Laßt uns unseres Glückes genießen und die Wahrheit zur Richtschnur unseres Denkens machen! Laßt uns dem Aberglauben steuern, die Gottlosigkeit abtun und wirken für die Fortdauer der wahren Religion!"

Octavius hatte geendet. Sprachlos sahen wir eine Zeitlang starr vor uns hin. Ich meinesteils war von Bewunderung ganz hingerissen; hatte er doch Dinge, welche leichter zu fühlen als zu sagen sind, durch logische Beweisgründe, Beispiele und Belegstellen aus Schriftstellern beleuchtet, unsere Widersacher durch die nämlichen philosophischen Waffen, welche sie selbst führen, zurückgeschlagen und den Beweis geliefert, daß die Wahrheit nicht nur leicht faßlich, sondern sogar einschmeichelnd sei.

Während ich dies schweigend bei mir erwog, brach Cæcilius in die Worte aus: „Ich wünsche meinem Octavius von Herzen Glück, zugleich aber auch mir, und ich warte nicht erst auf einen Richterspruch. Der Sieg ist ohnedies unser; mag es auch unbescheiden klingen, (auch) ich mache darauf Anspruch. Octavius hat zwar mich überwunden, ich aber triumphiere über den Irrtum.

Was nun die Hauptpunkte der Besprechung anlangen mag, so

---

[173] Sen. exhort. bei Lact. Inst. 3, 15.

erkenne ich eine Vorsehung an, erkläre mich bezüglich Gottes für überzeugt und stimme dir bei in Betreff der sittlichen Reinheit der Sekte, die ich jetzt auch die meine nenne. Immer noch aber habe ich einige Fragen auf dem Herzen, in welchen zwar kein Widerspruch gegen die (christliche) Wahrheit liegt, deren Erledigung aber nötig ist zu meiner völligen Belehrung. Die Sonne neigt sich indessen bereits zum Untergang. Wir wollen also morgen die Besprechung fortsetzen. Jetzt, da wir in der Hauptsache einig sind, wird uns dies leichter werden."

„Meine Freude aber", fiel ich ein, „ist noch völliger; sie umfaßt uns alle drei, da Octavius auch für mich gesiegt hat. Bin ich doch jetzt der höchst gehässigen Aufgabe einer richterlichen Entscheidung überhoben. Doch meine Worte sind zu schwach, sein Verdienst nach Gebühr zu preisen. Das Zeugnis eines einzigen Menschenkindes hat zu wenig Gewicht. Er besitzt eine köstliche Gabe Gottes, dessen Geist ihn bei seiner Rede erfüllt und dessen Beistand ihm den Sieg verschafft hat."

Jetzt brachen wir auf, beseelt von den freudigsten Gefühlen, Cæcilius wegen seiner Bekehrung, Octavius wegen seines Sieges, ich aber wegen der Bekehrung des einen und des Sieges des anderen.

Zu dieser Ausgabe.

Der Text dieses Buches folgt der Ausgabe: *Octavius. Ein Dialog des M. Minucius Felix.* Übers. v. Bernhard Dombart, Erlangen, 1881.

Der Text wurde in die traditionelle deutsche Rechtschreibung (1901 – 1996) übertragen, und zum besseren Verständnis des heutigen Lesers sprachlich bearbeitet.